실례지만 나이가 어떻게 되시나요?

# 실례지만 나이가 어떻게 되시나요?

이형종 지음

**100세 시대 당신이 알아야 할 변신자산 이야기**

"노동수명 60년 시대,
오랫동안 일하고 자기답게 인생을 살아가는 법"

레인북

"김과장, 힘내요. 얼마나 마음이 힘들겠어요. 내년에는 꼭 승진할 겁니다." 부서장이 승진에 누락된 김과장을 위로하고 있다. 김과장(43세)은 올해도 승진에서 탈락하였다. 내년에도 승진에서 탈락한다면 과장으로 정년을 맞이할지도 모른다. 지금까지 직장생활이 허무하게 느껴진다. 한 달째 일이 손에 잡히지 않는다. 10년째 만년 과장으로 후배들보다 뒤처지고 있다는 김과장, 그는 회사를 매일 다니고 있지만 힘든 하루하루를 보내고 있다. "내가 회사에 도움이 되는 사람일까?" "앞으로 계속해서 회사에서 성장할 수 있을까?" "이대로 직장에서 의미 없이 시간을 보내도 좋을까?"

40대는 김과장처럼 흔들리는 직장인이 많다. 일본의 인사 조직

분야의 전문가인 쿠스노키 아라타楠木新는 삶의 의미를 찾지 못하는 직장인의 마음 상태를 '마음의 정년'이라고 불렀다. 직장생활의 벽에 부딪혀 일의 의미를 잃어버리고 고민하는 상태를 말한다. 직장생활의 중간 시점인 40세에 들어서면 갈등이 시작된다. 회사의 업무는 열심히 하고 있지만 일하는 의미를 고민하게 된다. 미래의 내 모습을 상상해 보면 더욱 그렇다. 지금까지는 직장에서 성장하는 삶을 꿈꾸었지만 이제는 회사에서 성장한다는 보장이 없다. 평생직장은 과거의 유물이 되었다. 직장은 더 이상 내 삶을 보장해주지 않는다. 어느 날 갑자기 상승하는 에스컬레이터의 끝에 칠흑같은 어둠처럼 앞이 보이지 않는 세상이 펼쳐질 것이라고 생각하니 막막하다.

40세가 되면 출세 경쟁에서 승자와 패자가 선명해진다. 승진에서 탈락한 사람은 일하는 의미를 잃어버린다. 인사이동을 좌천으로 받아들이고 입사할 때 가졌던 꿈과 포부도 잃어버린다. 이처럼 업무에 싫증이 나고 매너리즘에 빠지면 떨어진 열정과 자신감을 다시 찾기란 쉽지 않다. 앞날이 보이지 않는 상황에서 끊임없이 자신의 능력을 의심하게 된다. 이 책을 읽는 40대는 이러한 고민을 했을 것이다. 필자도 40세가 넘어 직장생활에 회의감을 느꼈다. 체력이 떨어지고 항상 똑같은 업무에 싫증이 났다. 직장에서 잘나가는 친구들을 보면 가끔은 부러웠다. "나도 아직 충분히 할 수 있어!"라고 다짐하며 자신감을 가져보려고 노력했지만, 내 능력을 충분히 발휘하지 못하고 시간만 허비하는 것 같아 초조했다. 탈출구는 뚜렷하게 보이지 않고 일할 의욕은 계속 떨어졌다. 지금 생각하면, 바로 그때가 마음의 정년 상태였다.

40세 이후의 직장인이라면 누구나 마음의 정년 상태에 빠진 적이 있을 것이다. 마음의 정년 상태가 지속되면 일하지 않고 시간만 보내는 게으른 선배직원이라고 소문이 난다. 회사는 일하지 않는 직원을 법률상 쉽게 해고할 수는 없다. 그래서 월급도둑이라고 욕을 먹어도 조직의 그늘 안에 숨어서 조용히 버티며 정년까지 직장생활을 할 수 있다. 그러나 회사의 요구에 따라 언제든지 다른 부서로 이동해야 하는 불안감은 존재한다. 이러한 직장생활이 보람이 있을까? 행복한 인생을 살아가고 있다고 말할 수 있을까? 현실에 안주한 채 길어진 인생을 준비하지 못하고 살아가고 있는 게 아닐까?

인생의 중간 지점인 40대는 재도약을 꿈꿀 수 있는 절호의 시기이다. 회사에서 벗어나 주체적으로 가슴 뛰는 꿈과 이정표를 찾아야 한다. 그리고 구체적인 인생계획을 그려보아야 한다.

또한 40대에는 회사를 다닐 때 "또 하나의 자신", 즉 복수의 자신을 찾는 구체적인 인생전략을 세워야 한다. 단순히 회사에 맡겨둔 인생이 아니라 자신의 인생을 살아갈 준비를 하는 것이다.

직장인은 회사에서 주체성을 발휘하기 어렵다. 조직에서 상사의 지시에 따라 일하는 습관이 몸에 배어 있기 때문이다. 그래서 주체적인 모습보다는 수동적인 역할에 익숙해져 있다. 이런 수직적 구조에서 주체성을 갖지 않으면 마음의 정년 상태에 빠질 가능성이 크다.

특히 인생의 후반전에는 주체적으로 행동하지 않으면 일하며 살아가는 의미를 느낄 수 없다. 재직 중에 미리 퇴직 후 회사 밖에서 일할 수 있는 새로운 인생을 준비해야 한다. 그렇지 않으면 목표없이 살아가는 긴 방황의 터널을 빠져나오지 못할 것이다. 회사 업무 중심으로 바쁘게 보내는 사람은 퇴직 후 또 하나의 자신을 만들 생각도 없고 흥미도 느끼지 못한다. 현재 직장생활에 만족하고 행복을 느낀다면 문제가 될 게 없다.

그러나 지금은 100년 동안 살 수 있는 시대다. 퇴직 후 인생도 길어졌다. 회사 업무에만 매달리다가 미래의 씨앗을 뿌려야 할 때를 놓쳐서는 안 된다. 주체적인 삶의 원천이 되는 씨를 뿌려야 한다. 회사에만 내 인생을 맡겨두는 시대는 지났다. 안일하게 직장생활을 보내다 준비 없이 회사 밖으로 나가는 것은 매우 위험하다. 많은 직장인은 안정적인 조직에 소속되어 있었기 때문에 인생의 생존방식을 제대로 배우지 못했기 때문이다. 바깥 세상에서 통용되는 지식과 경험으로 무장된 생존능력이 부족한 상태에서 회사 밖으로 나가는 것은 운전면허도 없이 고속도로를 달리는 것과 같다. 퇴직 후 삶의 모습은 다양하다. 현역 시절에 하지 못한 새로운 삶의 보람을 찾아 즐기며 사는 사람도 있다. 어린 시절의 꿈을 60세가 넘어 이룬 사람도 있다. 현역 시절의 지식과 기술을 활용해 새로운 커리어를 개척한 사람도 많다. 이와 반대로 퇴직 후에 방황하거나 건강을 잃어버리고 후회하면서 살아가는 사람도 많다.

이렇게 퇴직 후 인생의 차이가 생기는 이유는 뭘까? 다양한 이유가 있겠지만, 한 가지 확실한 사실이 있다. 바로 퇴직 후의 인생을 현역 시절부터 얼마만큼 준비했는지에 따라 차이가 시작된다는 것이다. 흔히 고령사회에서 노후준비는 충분한 연금과 의료비만 마련하면 된다고 생각한다. 하지만 더 중요한 것은 퇴직 후에도 건강하게 계속 일할 수 있는 능력을 갖추는 것이다. 40대, 50대의 직장인이라면 현재 자신의 능력을 점검해보고 인생 후반전에 어떻게 일하며 살아갈지 생각해야 한다. 그러나 대부분 자신과 상관없는 먼 미래의 일로 생각하고 준비를 미루고 절대 행동하지 않는다.

반대로 재직 중에 자신이 좋아하는 일을 찾는 사람도 있다. 그들은 회사에 의존하는 삶에서 벗어나 자신의 꿈과 목표를 추구한다. 그리고 재직 시절부터 사회에서 통용되는 능력과 기술을 익히며 새로운 인생을 준비한다. 이들은 한 회사에서 오랫동안 일하면서 50대가 되어도 활기차게 일한다. 또한 퇴직 후에 무엇을 할지 명확한 목표를 가지고 산다.

지금의 직장이 인생의 전부가 아니다. 인생 100세 시대를 맞아 40대와 50대 직장인은 인생의 다음 단계를 대비해야 한다. 인생은 일시에 역전되지 않는다. 재직 시절부터 차근차근 준비하는 자세가 필요하다. 현재 일하는 직장에서 지식과 스킬을 익히고 경험을 쌓거나 자격을 취득하려는 노력을 해야 한다.

직장에는 수많은 자원이 있다. 100세 시대를 마지막까지 활기차게 보내려면 현재 다니고 있는 회사를 최대한 활용할 필요가 있다. 회사에서는 안정적인 역할이 있고, 매월 급여도 준다. 또한 함께 일할 동료가 있어 외롭지 않다. 조직에는 불합리한 일 방식이 존재하지만, 개인의 성장을 위해 활용할 수 있는 풍부한 자원이 있다. 그렇다고 회사의 자금을 착복하거나 정보를 빼돌려 몰래 새로운 사업을 하라는 의미가 아니다. 지금 근무하는 회사의 가치를 정확히 파악하고 주체적으로 일을 하라는 것이다. 회사의 풍부한 자원을 활용하지 못하면 회사 내에서만 통용되는 사람이 된다. 회사의 자원을 자신의 자산으로 바꾸는 것은 본인의 노력에 달려 있다. 리셋 버튼은 게임을 끝내는 장치가 아니다. 게임을 완전히 끝내려면 전원 스위치를 꺼야 한다. 리셋 버튼은 게임을 다시 시작(RE-SET)하기 위한 버튼이다. 일과 인생도 마찬가지이다. 지금 다니는 회사를 무조건 그만두라는 것이 아니라, 회사에서 보내는 시간을 활용해 일의 의미를 다시 찾고 자신의 미래를 준비하라는 것이다. 40대는 인생의 노동수명으로 보면 중간 지점에 있다. 회사에서 일할 시간도 아직 많이 남아 있다. 긴 안목으로 여유를 가지고 충분히 준비하면 된다.

이 책은 "은퇴"를 준비하는 방법을 제시하는 책이 아니다. 단순히 재취업이나 전직을 다룬 서적도 아니다. 인생 100세 시대에 오랫동안 일하고 자기답게 인생을 살아가는 방법을 제시하고 있다. 인생 100세 시대라는 환경변화에 따라 어떻게 장래 커리어를 설계해 나갈지 구체적인 방법을 제시하였다. 이 책에서 제시한 다양한 장래 설계방식은 반드시 40대의 직장인들에게만 적용되는 게 아니다. 자기답고 행복한 인생을 꿈꾸는 20대, 30대의 직장인도 직장환경 변화와 새로운 패러다임을 파악하고 자신의 미래를 설계하는 데 큰 도움이 될 것이다.

"인간은 좀처럼 일어나지 않는

행운으로 행복해지는

경우는 거의 없다.

행복은

일상의

작은

발전에서

오는 것이다."

들어가며

## ● 목차

**1장**

# 인생 100세 시대, 인생모델의 변화

이제는 누구나 장기간 일할 수 있는 환경을 만들어야 한다. 현역시절에 지속 가능한 일 방식을 습득하고, 계속해서 능력을 발휘하는 사회구조로 바꾸어 나가야 한다. '장시간 노동사회'에서 '장기간 노동사회'로 바꾸어야 한다. 개인과 회사는 이러한 변화에 대응해야 한다.

# 노동수명 60년 시대, 일 방식이 바뀐다

당신은 20년 후의 자신의 모습을 생각해보았는가? 지금 20, 30대라면 전직 또는 퇴직을 고민해야 하는 40, 50대에 들어선다. 그나마 회사에서 잘 버틴 40세는 정년퇴직 시점인 60세가 된다. 2040년 우리 사회는 어떤 모습일까? 미래를 정확히 예측하기는 어렵다. 그러나 저출산 고령화가 진행되고 인구감소 때문에 격랑에 휩싸인 한국의 모습은 예측할 수 있다. 지금부터 약 20년 후 2040년에는 65세 이상 고령자가 인구의 30% 이상을 차지한다. 인구 3명 중 1명이 65세 이상이 되는 것이다. 게다가 인구는 계속 감소하면서 격변의 사회가 도래할 것이다.

고령자 인구의 급증으로 연금을 수령하는 나이가 상승하고 연금지급액은 낮아질 것으로 예상된다. 65세 이상의 건강한 노년층이 대폭 늘어나고 80세까지 계속 일하는 것을 당연하게 여기는 시대가 될 것이다. 또한 인구가 감소하면서 다양한 산업과 기업에서 인력부족 현상이 나타날 것이다. 이러한 사회에서 개인의 일 방식과 기업의 고용방식은 어떻게 변할까?

인력부족이 확대되면서 중소기업과 자영업자는 인력을 확보하기 어려울 것이다. 비교적 젊은층의 인력확보가 쉬운 대기업은 정년이 지난 시니어층을 계속 고용하지 않을 것이다. 반면에 젊은층의 인력확보가 어려운 중소기업과 자영업자는 높은 전문성과 스킬을 보유한 중장년층을 계속 고용할 수밖에 없을 것이다. 즉 경쟁력이 있는 스킬과 경험을 가진 중장년층이 일할 의지만 있다면, 정년과 상관없이 계속해서 일할 수 있는 사회가 도래할 것이다.

이러한 20년 후 사회변화에 맞춰 개인은 어떻게 일해야 할까? 앞으로 육아, 간병, 전직, 퇴직 등의 인생 이벤트에 맞춰 일하는 방식으로 바꾸고 조금씩 장래 커리어를 준비해야 한다. 입사 후부터 퇴직까지 한 회사에서 계속 일하는 일 방식은 통용되지 않을 것이다. 그리고 장기간 일해야 하는 사회를 대비해 고령자도 계속해서 일할 수 있는 분야와 자기다운 일 방식을 계속 찾아야 한다. 최근 업무 장소와 시간을 자유롭게 사용하는 새로운 일 방식을 도입한 기업이 주목받고 있다. 집에서 스카이프skype를 사용해 경영회의를 진행하거나 텔레워크telework 업무방식을 도입해 직원들이 주 3일만 출근하는 회사도 있다. 전 세계는 지금 노동시간을 줄여가고 있다. 앞으로는 일하는 시간과 장소도 선택할 수 있는 시대가 될 것이다.

20년 후 우리 사회의 일하는 방식은 어떻게 바뀔까? 10년 또는 20년 후 당신의 일은 어떻게 변할까? 먼 것 같지만 가까운 미래다. 당신은 그때 어떤 일 방식을 선택하고 싶은가? 먼저 가까운 미래의 일 방식이 어떻게 변할지 살펴보는 것은 의미가 있다. 시간과 장소에 얽매이지 않는 일 방식이 정착할 것이다. 기존 사무실을 벗어난 다른 공간에서도 인터넷을 통해 커뮤니케이션하면서 공동작업을 하는 시대가 올 것이다. 모든 회사에서 VR를 이용한 화상회의 시스템이 일상적으로 활용될 것이다. 모든 커뮤니케이션은 온라인을 통해 진행되고 근무방식이 다양해질 것이다. 원격근무와 자유출근제가 일상화되어 매일 아침 북적거리는 전철로 출근하는 일은 과거의 이야기가 될 것이다.

회사를 정기적으로 출근하지 않으면 시간과 거리에 제한받지 않고 기호에 따라 다양한 지역에 주거를 선택할 수 있다. 어떤 사람은 도시를 떠나 자연환경이 빼어난 지역으로 이사하고, 어떤 사람은 거주 인프라가 좋은 지방으로 이동할 것이다. 인구감소가

인생 100세 시대, 인생모델의 변화

두드러진 지역은 다른 지역의 인구를 유입시키기 위해 생활환경을 개선하고 많은 일자리를 만들기 위해 서로 경쟁할 것이다. 이처럼 사무실에 출근하는 일수가 줄어들고, AI가 업무를 보조하면서 노동시간이 대폭 줄어들 것이다. 어쩌면 많은 사람들이 한 달에 절반만 일하고, 자신이 좋아하는 취미를 즐기거나 새로운 지식을 배우면서 나머지 시간을 보낼 것이다.

또한 정년의 개념이 없어지고, 언제든지 필요에 따라 지식을 습득하고 새로운 분야에 도전하는 사회가 될 것이다. 인생 100세 시대는 80세까지 현역으로 일하며 살 수 있는 시대이다. 교육시간 20년과 80세 이후 20년을 제외하면 누구나 60년의 노동시간이 있다. 60년의 인생시간은 오로지 일만 하는 시기가 아니다. 일 ⇨ 재학습(지식 재무장) ⇨ 일 ⇨ 세계여행 ⇨ 사회공헌활동 ⇨ 창업처럼 원하는 라이프스타일에 따라 인생을 즐기며 살아갈 수 있는 시간이다. 지금의 40대는 그만큼 길어진 인생시간을 가지고 있다. 자신이 하고 싶은 다양한 일을 시도하면서 자기답게 살아갈 수 있다. 길어진 인생시간에 맞춰 다양한 인생을 사는 시대가 오고 있다.

린다 그래튼이 쓴 《라이프 시프트Life Shift》라는 책에 따르면 100세 시대에는 개인의 인생시간이 3단계형에서 다단계형으로 전환될 것이라고 했다. 3단계형이란 20대까지 교육단계, 20~60

대까지 노동단계, 60대 이후 80세까지 은퇴단계를 말한다. 인생 80세 시대에는 3단계 모델이 맞았다. 학교에서 배운 지식을 활용해 회사에 들어가 계속 일하다가 60세에 퇴직하고 남은 인생을 유유자적하며 보내는 인생모델이었다. 그러나 인생 100세 시대는 20대까지 교육을 받고 사회에 나오면 약 60년의 노동시간이 펼쳐진다. 노동수명 60년 시대에 정년은 더 이상 의미가 없다. 기업의 수명이 20년이라고 가정하면 적어도 3개의 회사에 다녀야 한다. 같은 회사에 계속 근무한다고 해도 사업이 재편되거나 일부 사업이 매각되면서 종사하는 분야와 사업모델이 바뀐다. 60년 노동이 불가피한 지금은 몇 개의 기업에서 근무하는 것이 당연한 시대가 되었다. 이전의 필름회사에서 근무한 사람이 화장품과 의약품 사업으로 이동하는 것과 같다. 이러한 인생 100세 시대에는 어떻게 새로운 장래 커리어를 만들고, 기회를 넓혀나가느냐에 따라 인생의 풍요와 행복이 결정된다.

그렇다면 노동수명 60년 시대에 장기간 통용되는 업무스킬이 과연 존재할까? 그럴 가능성은 매우 적다. 인생 100세 시대에는 기존 방식과 전혀 다르게 커리어를 설계해야 한다. 2011년에 일본 동경대 경제학부 노리유키 교수는 '40세 정년제'를 제안해 세상을 놀라게 했다. 그의 40세 정년제는 정년나이를 40세로 정하자는 의미가 아니다. 인생 커리어의 중간 지점에서 지식과 스

인생 100세 시대, 인생모델의 변화

킬을 업데이트해서 더 오래 일할 수 있는 사회를 만들자는 것이다. 또한 기업의 수명보다도 개인이 일하는 기간이 길어졌기 때문에 보다 장기적인 노동을 하기 위해 인생 커리어를 점검할 수 있는 사회적 구조를 만들어야 한다는 의미이다. 이처럼 노동수명 60년 시대에는 인생 커리어의 중간 지점에서 재교육을 받고, 지식과 스킬를 업데이트한 후, 새로운 직업으로 이동하는 과정을 전제로 커리어를 설계해야 한다. 이렇게 되면 누구나 다양한 일 방식과 커리어를 통해 다양한 인생을 살게 될 것이다.

시대는 빠르게 변하고 있다. 10년, 또는 20년 후에 당신은 어떤 모습으로, 어떤 일을 하고 싶은가? 이러한 상상력을 키워나갈 수 있다면 당신은 장래 커리어에 대비하려는 노력도 커질 것이다.

# AI시대, 일자리가 사라진다

2013년 보스턴 마라톤 대회의 테러사건을 기억하고 있는가? 감시 카메라로 수집된 방대한 화상자료를 이용해 진일보한 데이터분석 기술로 테러사건의 범인을 체포할 수 있었다.

빠른 기술혁신으로 기업의 수익모델과 개인의 업무에도 큰 변화가 일어나고 있다. 기술진보에 의해 모든 산업과 업종이 경쟁하고 있다. IT업계가 은행, 운송, 유통 등 여러 산업에 진입하고 있다. 스마트폰의 보급으로 디지털카메라와 지도업계가 순식간에 사라졌다. 현재 수익모델이 안정된 업종이라도 순식간에 사업이 재편될 가능성이 크다. 개인의 업무도 마찬가지다. 지금까지 직장에서 20년을 넘게 해왔던 일이 순식간에 없어지고 있다. 단

인생 100세 시대, 인생모델의 변화

순한 육체적 노동뿐만 아니라 인간의 두뇌활동도 AI로 대체되고 있다. 개인의 능력과 관계없이 일 자체가 없어지면 그 업종에 종사하는 사람도 필요 없어진다. 한 업종에 한정되지 않고 산업 전체로 이러한 현상이 확장된다면 심각한 고용 문제가 발생할 수밖에 없다.

최근에 일부 경제학자들은 AI가 얼마나 인간의 일자리를 빼앗을지 연구했다. 2013년 옥스퍼드대 경제학자 칼 프레이C. Frey와 인공지능 전문가 마이클 오스본M. Osborne은 2025년부터 2030년까지 미국에 있는 직업의 약 47%가 인공지능으로 자동화될 위험이 크다고 분석했다. 일본의 노무라연구소도 동일한 방법을 사용하여 일본의 미래 고용상황을 분석해 보았다. 일본 노동인구의 49%가 종사하고 있는 일들이 AI와 로봇으로 대체될 수 있다고 예측했다. 지금부터 약 10년 후에는 일본인의 절반이 일자리를 잃을 가능성이 있다는 말이다.

맥킨지글로벌연구소는 다른 각도에서 기술혁신에 의한 일자리 변화를 분석했다. 가까운 장래에 60%의 직업 중에서 30%의 업무가 자동화될 것이라고 전망했다. 2055년에는 전 세계 일자리의 절반이 자동화될 것이라고 내다보았다. 특히 미국, 일본, 독일, 중국 등은 자동화되는 일자리에 종사하는 노동자 비율이 전체 노동자의 3분의 2를 차지할 것이라고 분석했다. 마이클 오스본의

실례지만 나이가 어떻게 되시나요?

분석보다 일자리 감소 시기가 다소 늦어지고 있지만 안심할 수 없는 상황이다.

지금까지 기업은 기술혁신으로 특정 업무가 사라지면 직무교육을 통해 유휴인력을 다른 부서에 재배치했다. 그러나 지금 4차 산업혁명이 진행되고 글로벌 경쟁이 심해지면서 기업은 직원을 대상으로 한 직무교육 훈련에 재투자할 여력이 부족하다. 성장 분야에 경영자원을 집중시켜도 생존이 불투명한 시대이기 때문이다. 이전처럼 인력 재배치로 유휴인력에 대한 고용을 계속 유지하기가 어렵다. 그렇다고 전문직무에 고용된 직원을 다른 분야로 배치하기도 어렵다. 기술혁신으로 직무가 필요 없어지거나 새로운 분야에서 높은 생산성을 낼 수 없는 노동자에게는 고용조정이 뒤따를 수밖에 없다.

우리는 기술혁신에 의한 미래산업의 변화를 예상해야만 한다. 4차 산업과 정보혁명 속에서 기업은 AI와 로봇을 활용해 사업모델의 변화를 꾀하고 있다. 즉 노동인력이 필요없는 자동화 시스템을 구축하는 것이다. 기업들의 사업 방향이 재편되고 일이 없어지는 현상이 계속 발생할 것이다. 이미 이러한 변화는 여러 산업에서 감지되고 있다. 또한 AI와의 경쟁으로 직장인의 급여는 점점 줄어들 가능성이 있다. 지금은 일이 없어져도 회사가 직원을 고용하고 있지만, 앞으로 전체 산업으로 자동화가 확대되면 회사도 더는 불필요한 직원에게 높은 급여를 주고 고용하지 않을 것이다.

기술혁신은 직장인의 일하는 방식에 영향을 미치고 있다. AI는 일하는 시간과 장소의 제약을 없애고 있다. 언제, 어디에서나 연결되는 IT 환경에서 직원들이 한 사무실에 모여 일할 필요가 없다. 전문가들은 머지않아 지금까지의 노동집약적 일 방식에서 노동분산적 개인형 일 방식, 즉 자영업식으로 일하는 업무 스타일(텔레워크, 클라우드 워크)로 크게 확산될 것이라고 말한다. 이미 숙박업체 '에어비앤비'와 인터넷 서점 '아마존'의 노동자들은 집에서 온라인을 통해 일하고 있다.

그렇다면 기술혁신 시대에 직장인의 생존법은 무엇일까? 전문가들은 계속 지능이 발달하는 AI에 대항하려면 정답이 없는 문제를 푸는 능력을 익혀야 한다고 말한다. 컴퓨터는 수많은 정보를 기초로 최적의 방법을 제시할 줄 안다. 하지만 아무도 가보지 못한 길에서는 아무리 AI일지라도 어디로 가야 할지 판단할 수 없다. 즉 정답이 없는 문제를 풀 수 있는 창의력이 필요하다. AI 시대에는 창의성을 가진 인재가 조직 전체의 생산성을 좌우할 것이다. 테크놀로지를 부하 직원으로 활용할 수 있는 창의적 인재는 미래의 사회적 자산이 될 것이다.

실례지만 나이가 어떻게 되시나요?

## ● VUCA시대 회사의 새로운 일 방식

자유로운 일 방식이 증가하면서 회사조직도 바뀔 가능성이 높다. 빠르게 정보를 공유할 수 있는 IT 환경에서 같은 회사에서 일하는 직원이라도 물리적으로 시간과 공간을 공유할 필요가 없다. 당연히 직원의 소속감은 줄어들면서 커뮤니케이션 기능도 약해질 것이다. 앞으로 회사는 비용을 의식해 최소한의 조직만을 유지하려고 할 것이다. 기업은 미션과 목적이 명확한 프로젝트 조직의 집합체가 될 것이다. 특정 사업부와 부서가 없어지고, 직원은 소속된 부서가 없이 프로젝트 방식으로 일할 것이다. 회사에 중대한 프로젝트가 발생할 때마다 그 프로젝트에 가장 적합한 인재가 소집되어 팀으로 일할 것이다. 이것은 마치 프리랜서와 같

인생 100세 시대, 인생모델의 변화

은 방식이다. 이러한 프로젝트에는 내부 전문가뿐만 아니라 회사 밖의 외부 전문가도 참여할 것이다. 어떤 프로젝트가 끝나면 팀은 해산되고, 소속 직원은 다음 프로젝트로 이동한다. 프로젝트 기간 중에는 A사에 재직하고, 끝난 후에는 B사로 이동해 다른 프로젝트에 참여한다. 보통 2~4개의 기업에서 프로젝트를 수행하는 사람도 있을 것이다. IT기업에서 개발업무에 주로 종사하면서 의료기술 분야의 벤처기업에서도 일할 수 있다. IT를 활용하는 농업법인에서 일할 가능성도 있다. 이렇게 프로젝트에 따라 필요한 인재를 모으는 방식이 일상화되면 정규직과 비정규직의 차이는 사라질 것이다.

린다 그래튼도 100세 시대에는 독립생산자Independent producer가 등장할 것이라고 말했다. 독립생산자란 특정조직에 얽매이지 않고 개인사업 형태로 전문성을 활용하는 사람들이다. 이들이 일하는 방식은 기업과 달리 자유와 유연성을 중시하고 소규모의 사업을 하는 방식이다. 조직에 직접 고용되지 않고 독립된 주체로 생산적인 활동에 종사하는 것에 의미를 둔다. 비즈니스가 크지 않기 때문에 부담이 적고 실패해도 심각한 결과에 이르지 않는다. 이러한 독립생산자들은 자신의 전문성을 활용해 여러 조직의 프로젝트에 참여할 것이다. 이러한 추세에 맞춰 개인의 능력과 평가에 관한 정보는 더욱 폭넓게 공유되는 사회가 될 것이다. 또한 개인의 전문성과 능력에 따라 공정한 평가가 이루어지고, 시장가치가 형성될 것이다.

그렇다면 이러한 독립생산자들은 한국에서 어떤 사람들을 의미할까? 회사에서 일할 때 전문성을 충분히 익히고, 그 전문성을 기반으로 자립해 자신만의 개인 브랜드를 만든 1인 기업가나 프리랜서로 말할 수 있다. 바로 인터넷을 비롯한 디지털 기술의 발전, 클라우드 소싱, 공유경제 등과 같은 경제 환경 변화에 빠르게 적응한 사람들이다. 이들은 조직에 속하지 않고 독립해서 주체적으로 일하는 자신만의 라이프스타일과 일 방식을 추구한다.

치열한 글로벌 경쟁과 기술혁신으로 사업 사이클이 짧아지고 있다. 앞으로 AI에 의해 대체되는 직종도 늘어날 것이다. 아마도 우리는 10~20년 후에 지금과 같은 일을 계속하기가 어려울 것이다. 일하는 직장이 없어지거나 계속 해왔던 업무가 없어질 수 있기 때문이다. 이처럼 싫든 좋든 누구나 몇 번에 걸쳐 커리어를 바꿔야 하는 시대가 오고 있다. 또한 앞서 언급한 것처럼 회사 내외를 자유롭게 이동해 일하는 독립생산자의 일 방식이 늘어날 것이다. 현재 기술혁신은 이러한 인력 이동을 더욱 쉽고 자유롭게 만들 것이다. 복수의 기업에서 근무하는 방식도 일반화될 것이다. 이는 투자자가 위험을 줄이기 위해 여러 종목에 분산투자를 하는 것과 같다. 한 가지 일에만 올인할 경우 장래에 그 일이 통용되지 않으면 위험에 처하게 된다. 반대로 몇 가지 일을 동시에 병행한다면 기존에 해왔던 일이 없어지더라도 또다른 대안을 마련할 수 있다. 이러한 일 방식을 '병행 커리어 전략'이라고 한다.

병행 커리어가 필요한 이유는 미래에 대한 불확실성이 커지고 있기 때문이다. "뷰카(VUCA)"라는 말이 있다. 이 말은 1990년대 냉전시대가 끝난 후 복잡한 국제정세를 설명하기 위한 군사 용어로 처음 사용되었다. Volatility(변동성), Uncertainty(불확실성), Complexity(복잡성), Ambiguity(모호성)의 앞 문자를 따서 "VUCA"라고 부르고 있다. 최근 이 용어는 경영, 경제 분야에서도 사용되고 있다. 다보스 회의에서 세계의 현상을 설명하는 키워드로 자주 사용되었다. 이는 전 세계적으로 사회, 경제 환경의 불확실성이 매우 커졌다는 공통된 인식을 말해준다. 그만큼 지금 세계는 기술발전의 속도가 빨라지고 있다. 당연히 장기적인 미래 예측이 불가능하다. 지금까지 모든 사람이 공통적으로 인정해왔던 과거의 성공법칙은 더 이상 미래에 적용될 수 없다.

미래의 불확실성이 커진 지금, 커리어 설계방식도 바뀔 수밖에 없다. 미래의 모든 것을 예측하기 어렵지만 인구 변화는 비교적 정확하게 예측할 수 있다. 분명한 것은 고령화 속도는 갈수록 빨라지고 사람의 수명은 더욱 길어지고 있다. 건강수명과 노동수명이 길어지면서 인생 100세 시대가 현실화되고 있다. 조기퇴직이나 정년퇴직을 해도 대부분의 시니어들은 노동시장에 남아 계속 일하고 있다. 이제는 누구나 장기간 일할 수 있는 환경을 만들어야 한다. 현역 시절에 지속 가능한 일 방식을 습득하고, 정년 후에도 계속해서 능력을 활용할 수 있는 사회구조로 바꾸어 나가야 한다. '장시간 노동사회'에서 '장기간 노동사회'로 바꾸어야 한다. 개인과 회사는 이러한 변화에 대응해야 한다.

인생 100세 시대, 인생모델의 변화

## ● 병행 커리어가 필요한 시대

사람의 다면성을 동시에 활용하는 것이 자연스러운 사회가 되었다. 한 회사에서 본업에 충실하면서 회사 밖의 사람들과 교류하고, 본업과 다른 역할을 찾아 활동하는 사람이 늘어나고 있다. 즉 병행 커리어Parallel Career 시대가 되었다. 우리에게는 쉽고 익숙한 용어가 아니다. 병행 커리어란 본업과 본업 이외의 사회활동을 동시에 하는 것을 말한다. 커리어란 평생동안 일해 온 직업과 역할의 경험이라고 말한다. 직업과 역할을 넓게 해석하면 사회활동도 포함된다. 회사 밖에서 다른 역할을 맡고 있다면 누구라도 병행 커리어를 가지고 있는 것이다. 즉 누구라도 병행 커리어를 시작할 수 있다는 말이다.

실례지만 나이가 어떻게 되시나요?

병행 커리어에 대비되는 용어를 싱글 커리어로 정의하자. 싱글 커리어는 본업의 조직이나 역할에 의존하고, 그 조직의 가치관에 물들어 좀처럼 다른 변화 가능성을 생각하지 않는 것이다. 즉 현재 한 가지 본업에 구속되어 있어도 그 자체가 자신에게 큰 문제로 여기지 않는 않는 상태를 말한다. 회사의 사업 방향에 따라 일하고 표류하듯 부서를 이동하면서 회사가 요구하는 가치관에 젖어 든다. 회사 동료들과 회식하거나 골프를 치는 것이 마음 편하다. 이러한 생활방식에 특별히 문제를 느끼지 못한다. 그러나 회사중심의 행동은 당장 문제는 없겠지만 장래의 리스크로 작용할 가능성이 크다.

과거와 같이 기업이 계속 성장하던 시대는 지났다. 이러한 경제상황 이외에도 빠르게 변화는 기술혁신과 치열한 글로벌 경쟁 때문에 회사의 운명이 언제, 어떻게 변할지 아무도 모르는 환경이 되었다. 최근 회사의 도산, 합병, 사업 매각 등이 자주 발생하고 있다. 똑같은 조직에 근무하지만 회사 명칭은 자주 바뀐다. 이럴 때마다 인건비 부담이 큰 중장년층의 희망퇴직은 단골메뉴로 등장한다. 중장년층은 퇴직금과 희망퇴직 위로금을 받고 정년 전에 익숙한 조직에서 퇴출당한다. 이러한 경영환경에 대처하기 위해 기업은 효율적인 경영 구조를 만드는 추세다. 예를 들어 선택정년제도를 두고 일정한 연령에 이르면 역할을 바꾼다. 부하직원이 없이 업무를 해내야 한다. 임금피크제가 적용되면 매년 임금도 일정한 비율씩 줄어든다. 헌신적으로 일해 온 회사에 배신감을 느낄지도 모른다.

정년을 맞이하면 어떻게 될까? 대부분 사람들은 재직 시절에 쌓은 지식과 경험을 살려 가능한 한 오래 일하고 싶을 것이다. 또는 새로운 분야에서 사회활동을 하고 싶은 사람도 있을 것이다. 그러나 여러 부서에서 다양한 직무를 경험했기 때문에 업계나 회사의 사정을 잘 알고 있지만 특별한 전문성은 없다. 동일한 조직 문화와 가치관을 가진 동료들과의 관계에만 익숙할뿐 외부의 인맥을 구축할 기회나 시도가 적었다. 이렇게 회사중심으로 살아왔던 사람들은 정년 후에 활약할 수 있는 영역이 상당히 좁아진다. 이러한 환경에서 당연히 싱글 커리어는 매우 위험하다. 자신의 능력개발과 성장을 한 회사에 맡겨 두는 것이 가장 큰 원인이다. 회사가 시키는 대로 필요한 능력만 개발하면 아무 일 없이 승진할 수 있었다.

그러나 이제는 회사에만 의존해서는 미래의 위험에 대비할 수 없다. 본업에서도 문제가 발생할 가능성이 있다. 얼핏 생각하면 조직에 충성하는 직원을 환영하고 높게 평가할지도 모른다. 적어도 기술혁신이 비교적 느린 시대에는 조직에 대한 충성심이 통했다. 파격적인 변화의 시대에는 조직에 대한 충성심만 요구하지

실례지만 나이가 어떻게 되시나요?

않는다. 불확실성을 혁신적인 발상으로 바꿔 경영위기를 극복해 나갈 수 있는 인재를 원한다. 혁신적인 발상을 하려면 조직 외부에서 일어나는 일도 잘 알아야 한다. 결국 새로운 능력개발로 대처해야 한다. 하지만 보통 직장들은 회사의 바쁜 업무에 쫓겨 능력개발에 시간을 투자할 여유가 없다고 말한다. 그래도 조직은 혁신적인 발상으로 능력을 충분히 발휘해 달라고 계속 요구할 것이다. 회사의 요구에 따르지 않으면 계속 고용하기 부담되는 인재로 간주할 것이다.

그렇다면 생각을 바꿔야 한다. 회사 본업에 중심을 두면서 가능한 범위 안에서 사회활동을 통해 병행 커리어를 시도해야 한다. 병행 커리어 전략은 어쩌면 조직과 자신의 장래를 위한 가장 효과적인 대책이다. 병행 커리어는 본업과 사회활동을 동시에 하면서 능력을 개발하고 성장해나가는 전략이다. 본업 이외에 몰입하는 일이 있다면 병행 커리어를 추구하는 사회활동에 해당한다. 예를 들어 지역공헌 활동, 외부의 동호회와 학습모임, 자원봉사활동, 코칭이나 카운슬링 활동 등 매우 다양한 분야가 있다.

일본에서는 복업(復業)이라는 말이 자주 사용되고 있다. 복업의 원래 뜻은 한번 그만둔 일을 다시 시작하는 것을 의미한다. 최근에는 복업은 복수의 여러 가지 일을 동시에 하는 의미로도 사용되고 있다. 사람의 다양한 능력을 활용해 여러 가지 일을 동시

인생 100세 시대, 인생모델의 변화

에 하는 것이다. 그중에 소득이 있는 일도 있고, 소득이 전혀 없는 일도 있다. 소득의 발생 여부나 어떤 종류의 일인지 중요하지 않다. 자신의 능력을 회사 안에 가두지 않아야 복수의 일과 새로운 프로젝트에서 다양한 가능성을 찾을 수 있다. 또한 장래 커리어를 선택할 때 위험을 줄일 수 있는 좋은 방법이기도 하다. 하나의 일에 집중해도 모든 게 잘 풀리면 좋겠지만 세상의 앞일은 아무도 모른다. 현재 과도한 노동시간 문제를 해결하기 위해 주 52시간 근로시간 단축제도가 도입되었다. 이전보다 직장인은 자유시간이 늘어났다. 정년 후에는 직장의 전업주의에서 벗어나 자유인이 된다. 누구나 자신의 선택에 따라 자기답고 즐겁게 살아갈 수 있다. 퇴직한 후에 계획하면 늦다. 지금부터 무엇을 할지 계획하고 구체적으로 실천해야 한다. 의도적으로 복수의 자신을 탐색하고, 전략적으로 복수의 자신을 활용해야 한다.

회사 업무 이외의 일은 '부업'으로 몰래 하는 것이란 인식이 강하다. 본업에 나쁜 영향을 주고 회사의 이미지를 해칠 수 있다는 이유로, 대부분의 회사는 겸업을 금지하고 부업에 대해 불이익을 주고 있다. 그렇지만 복업은 소득중심의 겸업 또는 부업의 개념과 다르다. 자신의 다면성을 활용해 다른 분야에서 경험과 스킬을 발전시켜 나갈 수 있다. 그러다 보면 어느 일이나 본업이 될 수 있고 자신이 하고 싶은 일을 만들어 갈 수 있다. 또한 현역 시절에 충분한 경험과 스킬을 축적해 잠재된 소득 포트폴리오를 만드는 것이다. 퇴직 후에도 복업을 통해 부족한 소득을 보완할 수도 있다.

누구나 복수의 자신을 갖고 있다. 이제는 하나의 일과 하나의 커리어는 통하지 않는 시대다. IT 분야 엔지니어가 심리상담사와 재무설계사 자격증을 취득하고, 요리를 취미로 즐기는 컨설턴트가 외식업체를 개업하기도 한다. 이러한 현상은 전직의 개념과 완전히 다르다. 누구나 장래에 지금까지와 전혀 다른 업종에서 일할 가능성이 잠재되어 있다. 앞으로 훨씬 많은 사람들이 평생 커리어를 몇 번에 걸쳐 바꾸어 나갈 것이다. 대부분의 업종에서 그 분야의 일은 그 분야의 전문가만이 할 수 있다는 고정관념이 깨지고 있다. 초보자라도 분야를 가리지 않고 도전해 성공할 수 있는 시대가 되었다. 기술혁신으로 무엇이든 표현하고 싶을 때 유튜브, SNS 등의 미디어를 통해 전 세계에 재능과 기술을 알릴 수 있다. 누구나 자신을 개방하고 빠르게 자신을 콘텐츠화할 수 있다. 자신의 콘텐츠는 누구도 빼앗을 수 없고 절대로 없어지지 않는다. 또한 당장 지금 하고있는 일이 없어져도 최소한의 소득기반을 개척할 수 있다. 어떤 분야라도 3년 동안 개척한다면 그 능력은 크게 성장할 것이다.

물론 세상에는 하나의 일만 척척 해내면서 충분한 경쟁력을 만든 사람들도 많다. 그러나 한 가지 업무에만 매몰되는 것은 바람직하지 않다. 불확실한 환경에서 자신의 장래 커리어가 어떻게 될지 불투명하다. 자신이 행복하게 살 수 있는 환경을 만들고 즐거움과 보람을 느끼면서 일한다는 사고가 필요하다. 미래에는 누구나 새로운 일 방식을 선택해야 한다. 현재 본업이 전부가 아니다. 넓은 세상에는 매우 많은 일이 있다. 복수의 자신에게 맞는 일도 분명히 있을 것이다.

아무도 없는 황무지에 종자를 심고, 물과 비료를 주면 언젠가 싹이 튼다. 싹은 나무로 성장하여 열매를 맺는다. 혹은 악천후 속에서 새싹이 사라지거나 나무가 메말라 죽기도 한다. 인생도 마찬가지다. 실패하고 좌절할 때도 있을 것이다. 실패도 시도한 사람만이 알 수 있다. 실패는 인생의 중요한 지식과 경험이 된다. 실패를 통해 훈련되고 더욱 단련된다. 지금 병행 커리어를 시도하다 실패하고 좌절할 수 있다. 당장 소득이 발생하는 일이라도 장래에 상황이 어떻게 바뀔지도 모른다. 어떤 일이라도 시간에 따라 상황은 다르게 전개된다. 일정한 시간이 지나 최적의 시점이 되면 활짝 열리는 경우도 많다. 지금 작게 시작한 프로젝트가 미래의 큰 수익으로 돌아올 수도 있다.

대체로 유능한 사람은 안정된 조직에서 경제적 혜택도 많이 누린다. 반면에 우량 조직에 최적화되어 자신의 정체성을 일찍 고

정시키는 경향도 있다. 어떤 환경에 안주하면 상황이 크게 바뀔 때 진화할 수 없다. 한 회사의 환경에서 승진을 맛본 사람은 다른 직장으로 이동하기 어렵다. 회사를 자신과 동일시한다. 이런 사람은 퇴직 후 정신적 고통을 호소하는 경우가 많다. 회사를 떠나는 것은 자신의 모든 것을 잃어버리는 것과 같다고 생각하기 때문이다. 현역 회사원으로 다른 분야에서 자신만의 특기를 살려 왕성한 사회활동을 하는 사람도 있다. NPO와 취미단체를 이끌면서 자신의 다면성을 실현하고 있다. 어떤 사람은 어떤 일이 본업인지 모를 정도로 탁월한 능력을 발휘하기도 한다. 이런 사람들은 장래를 위해 씨를 뿌리는 사람이다. 자신에게 맞는 토양을 찾아 끊임없이 씨를 뿌리고 있는 것이다. 여러 분야에서 자신의 가능성을 열어가는 것이다.

## ● 돈보다 중요한 변신자산이 답이다

인생 100세 시대에 정년퇴직이라는 개념은 더 이상 의미가 없다. 건강하게 살아가는 동안에는 어떻게든 일과 활동을 해야 하기 때문이다. 정년퇴직은 하나의 인생 이벤트일 뿐 이미 과거의 산물이 되었다. 건강한 시니어가 늘어나면서 고령자 기준도 바뀌고 있다. 일본노년학회는 고령자 기준을 75세 이상으로 변경할 것을 요구하였다. 의료기술의 발전으로 10년 전보다 시니어의 신체적 건강과 지적 능력이 5~10년 정도 젊어졌다고 한다. 앞으로 시간이 흐르면 훨씬 많은 시니어들이 60세 이후에도 건강하게 활동할 가능성이 크다.

이런 추세라면 지금 40대 이후 직장인들은 60세 이후에도 왕성하게 활동할 수 있다. 그렇기 때문에 정년퇴직과 관계없이 60세 이후 계속 활동할 수 있도록 새로운 커리어 비전을 명확히 설정할 필요가 있다. 정년퇴직 후의 새로운 커리어를 활용하려면 40세부터 착실히 한 걸음씩 내디뎌야 한다.

린다 그래튼 교수는 인생 100세 시대에 귀중한 변신자산을 갖출 것을 제안했다. 변신자산이란 새로운 도전을 두려워하지 않고 스스로 변할 준비를 할 수 있는 자산을 말한다. 지금과 같이 변화가 심한 시대에 현상유지는 곧 퇴보와 같다. ≪일 2.0≫의 저자 루미사토는 급변하는 환경에서 변신하는 능력이 곧 성장의 원동력이라고 말한다.

"지금과 같이 급변하는 시대에는 현재의 일자리를 잃어도 변화를 받아들이고 계속 변할 수 있는 능력을 갖춰야 한다. 언제든지 해고될 준비를 할 수 있는 자세가 중요하다. 변신하면서 계속 성장할 수 있는 사람이 뉴엘리트다."

현역 시절에 미리 준비하지 않으면 머지않아 출구가 막힌다. 남의 일이 아니고 먼 미래의 일도 아니다. 직장인은 자신의 능력을 끊임없이 점검해야 한다. 세상의 변화에 맞춰 자신의 능력을 업데이트하거나 새로운 능력을 갖추어야 한다. 지금까지 직장인은 소속 기업의 브랜드, 직책, 학력, 자격 등으로 커리어를 평가 받았다. 유명대학을 졸업하고 좋은 대기업에 들어가 고정된 직무에 종사한 사람이 엘리트로 취급받았다. 이런 외적 평가요소는 아직 통용되고 있지만, 이제 무너지기 시작했다. 정년 후 30년을 일해야 하는 시대에는 기존의 외적 평가요소로 새로운 커리어를 찾기 어렵다. 인간의 일하는 방식은 이미 창의성 단계로 들어가고 있기 때문이다. 이 시대에는 새로운 가치를 창출하는 열정과 창조성을 가진 인재가 필요하다.

오라클사Oracle Corporation의 간부인 리즈 와이즈만은 빠른 정보시대에는 지식을 업데이트해야 한다고 강조했다. "정보량은 9개월에 2배로 늘어나고, 1년에 30% 정도 시대에 뒤떨어진다. 지식을 업데이트하지 않으면 5년 후에 사용할 수 있는 지식은 15%밖에 남지 않는다." 그는 이렇게 빠르게 변하는 시대에 회사 간부들이 가진 과거의 지식과 경험은 시대에 뒤떨어져 도움이 되지 않을뿐더러 치명적인 잘못을 초래할 수 있다고 경고한다. 지식의 생명력이 짧은 시대에는 과거의 경험에만 매몰된 베테랑은 위험하고, 오히려 경험이 없더라도 지식을 습득하려는 자세를 가진 사람이 유리하다고 지적한다. 현재 나이와 관계없이 새로운 분야에 도전하는 중년층도 많다. 실제로 지금까지 하지 않은 일에 도전한 중견 전문가들이 가장 큰 성과를 올리고 있다고 한다.

40세가 넘으면 학교에서 배운 과거의 지식과 경험이 더는 통용되지 않는다. 새로운 정보와 지식으로 재무장해야 20년을 다시 일할 수 있는 자산을 얻을 수 있다. 과거의 낡은 지식과 정보를 버려야 새로운 정보와 지식을 받아들일 수 있다. 또한 기업의 경영층은 직원들이 지식과 기술을 언제든지 배울 수 있는 조직문화를 만들어야 한다. 또한 조직 내의 다양한 가치와 의견을 수용하는 경영자세도 필요하다.

**2장**

# 누구도 피할 수 없는 50대 인생장벽

50대가 되면 앞으로 30년을 내다봐야 한다. 때로는 일을 멈추고 자신과 대면할 필요가 있다. 앞으로 자신이 무엇을 하고 싶은지, 무엇을 좋아하는지 성찰하는 시간을 가지길 바란다. 일에 얽매여서 하고 싶어도 할 수 없었던 일을 생각해보길 바란다.

# ● 승진의 벽

대기업에 다니는 김정식 씨는 입사한 지 27년이 되었다. 최근 20명의 입사 동기생들과 조촐한 모임을 가졌다. 50세를 넘어서니 남은 동기생들이 그렇게 많지 않다. 일찍 퇴사하여 다른 업종으로 전직하거나 창업한 동기생이 훨씬 많다. 회사의 임원으로 승진한 동기생도 있다. 긴 세월 동안 한 직장에서 남아 있는 것이 무능하게 느껴질 때도 많다.

어떤 사람이 전출되고, 어떤 사람이 임원이 될까? 조직에서 무능한 사람이 임원으로 승진한다. 젊어서는 현장을 누비며 우수한 능력을 인정받았지만 과장, 부장, 임원으로 승진하면서 점점 무능해진다. 무능해야만 회사에서 출세하기 때문이다. 너무 유능하

누구도 피할 수 없는 50대 인생장벽

면 상사의 질투를 받아 재기불능 상태가 된다. 조직에서 잘나면 미움과 질투를 받기 마련이다. 경영자는 좋은 2인자를 얻는 것이 중요하다. 그러나 경영자는 좋은 2인자보다 자신에게 충실한 부하를 좋아한다. 이렇게 해서 회사는 점점 쇠퇴해간다. 그래서 잘난 사람은 출세할 수 없다. 상사의 질투를 받기 때문이다. 그러한 질투를 재빨리 피하는 현명한 처세가 출세의 필수 조건이다.

입사할 때는 대부분 유능한 사원이었다. 20년이 지나면 별 볼일 없는 사람이 되어 출세에서 멀어진다. 100명의 동기 중에서 부장이 된 사람은 20명 정도, 임원이 된 사람은 1~2명이다. 임원이 되지 못하면 언제까지 부장 자리에 앉아 있을 수도 없다. 50대에 회사에서 큰 성과를 올렸다고 해서 임원이 될 가능성도 적다. 오히려 질투와 경계의 대상이 되어 임원으로 승진하지 못하는 사람이 많다. 슬픈 현실이지만 적당히 무능하고, 아부할 줄 알아야 승진하는 것이 세상의 상식과 같다. 지금은 마케팅 부서에서 파트장을 맡고 있지만 내년부터는 그 파트장 자리도 내놓아야 한다. 더 젊은 후배에게 양보해야 한다. 보통 직원들처럼 후배의 지시와 관리를 받는 처지로 바뀐다.

김정식 씨처럼 50세 이후에는 직장에서 출세의 명암이 보인다. 회사에서 남아 있어도 출세할 전망이 없다. 후배들이 자리를 치고 올라와 화만 치밀 뿐이다. 한직으로 이동하고 일에 보람을 느끼지 못한다. 그나마 매달 꼬박꼬박 들어오는 급여를 받으며 위안을 받지만, 회사에서 언제까지 버텨야 할지 고민도 많다. 당장 그만두고 싶어도 준비없이 회사 밖으로 나갈 용기가 나지 않는다. 만약 그만둔다면 그날부터 거리를 헤매는 신세가 될 것이다. 그래도 '뭔가 해야 하지 않을까?' 하는 생각이 끊임없이 머리를 맴돈다. 장래에 어떻게 새로운 길을 찾아야 할지 고민스럽다. 직장인이라면 언젠가는 누구나 한직으로 이동하거나 현장에서 물러난다. 기꺼이 감수해야 한다. 회사에서 압도적인 성과를 올리고, 부하직원들에게도 인정받는다고 해도 한직으로 물러나면 역시 후회할 것이다.

40대라면 어떤 일에 실패해도 다시 한번 도전해볼 수 있다. 자녀도 아직 어려서 돈이 많이 들지 않는다. 배우자도 젊고 맞벌이를 하기 때문에 가족의 생계가 걱정되지 않는다. 배우자도 새로운 도전을 응원해줄 것이다. 그러나 50대가 되면 사정은 완전히 달라진다. 예전보다 체력이 떨어지고 의욕도 없어진다. 자녀의 대학 교육비와 결혼자금을 어떻게 할지 걱정된다. 대학을 졸업해도 독립하지 못한 자녀를 지원해야 한다. 아직 갚아야 할 주택담보대출금도 1억 원 이상이 남아있을 것이다. 가장의 어깨는 무겁기만 하다.

50대는 아직 할 수 있는 것이 많고, 또 뭔가를 해야 한다. 요즘 누구나 50대는 아직 젊다고 말하지만 회사에서는 다 늙은 사람으로 취급 받는다. 많은 급여를 받지만 업무능력은 떨어진다. 어느 순간 고비용과 무능함의 대명사가 된다. 회사경영이 어려울 때면 구조조정 대상 일순위이기도 하다. 50대에는 능력보다 나이가 퇴출 대상의 기준이 된다. 나이가 죄다.

회사에서 50대 인력을 꺼리는 이유가 또 있다. 50대의 부장은 일에 대한 호기심을 잃어버리기 때문이다. 새로운 업무와 시스템 등에 관심이 없다. 스스로 이제 직장생활이 끝난 것처럼 행동한다. "내가 젊었을 때는", "요즘 젊은 친구들은"이라고 과거의 업적을 내세우며 후배들의 기를 꺾어버린다. 후배들은 겉으로만 말을 듣는 척한다. 하지만 마음속으로 다른 곳으로 이동하길 바랄 것이다. 후배들은 시니어 세대를 환영하지 않는다. 회사도 불량재고나 잉여인력으로 생각하는 경향이 있다. 월급도둑이라고 욕먹을 각오를 하고 눌러앉아 버텨보지만 정신적으로 힘들 뿐이다.

그러나 고령화 시대에 들어서면서 회사의 50대 인력은 20대보다 많다. 지금의 50대는 인구집단도 크고, 이전의 50대보다 업무능력도 뛰어나다. 이들은 아직도 귀중한 인재집단이다. 50대는 아직 체력도 문제없고 의욕도 왕성하다. 여전히 회사에 공헌하고 싶은 마음도 변함이 없다. 경험이 풍부하고 젊은 세대에게 뒤지지 않는다. 이런 50대 인재를 내보내는 것만이 능사가 아니다.

50대를 적극적으로 활용하는 경영시스템으로 바꾸어야 한다.

50대와 20대는 공통점이 있다. 20대는 처음으로 사회에 첫발을 내딛는 시기이고, 50대는 재출발을 준비하는 시기다. 즉 뭔가를 준비하고 시작하는 시기라는 점에서 똑같다. 이런 점에서 50세가 되면 리셋 버튼이 필요하다. 리셋 버튼은 게임을 끝내는 것이 아니라 게임을 다시 시작하기 위한 버튼이다. 간단히 말해, 현재의 회사에서 일하는 의미를 다시 생각해보는 것이다.

무엇보다 스스로 회사의 직책을 버리고 신입사원처럼 처음부터 회사생활을 시작하는 자세가 필요하다. 부장 자리는 큰 의미가 없다. 회사는 당신에게 큰일을 해달라고 그런 자리를 주었지만 큰 기대도 하지도 않는다. 그런 자리는 결국 반납하게 된다. 회사가 이제 그만 되었다고 하면 돌려줄 수밖에 없다. 그동안 고맙다고 말하는 것이 일상적인 절차이다. 그래도 부장 자리에 집착하는 사람이 있다. 자리가 의미가 없다는 것을 머지않아 알게 될 것이다. 그렇다면 회사에 부장 자리를 내놓고 하고 싶은 일을 하게 해달라고 부탁해보면 어떨까?

부장 시절은 부하직원의 인사평가나 업무회의에 많은 시간을 쓴다. 공식적으로 이러한 일에서 해방되는 것이다. 그런 즐거운 일은 쉽게 일어나지 않을 것이다. 만약 당신이 충성심이 강한 사람이라면 회사에서 들어줄지도 모른다. 만약 들어준다면 회사에

공헌할 수 있고 퇴직 후 자신의 커리어 개발에도 도움이 되는 프로젝트에 도전해 보자. 50대의 풍부한 업무경험을 사업의 돌파구로 충분히 활용할 수 있다.

일본의 어느 식음료 제조업체는 이전 부장들을 모아 영업조직을 구축했다. 한 사람의 영업사원처럼 캔커피를 판매하는 것이다. 또한 그곳에서는 에너지 드링크를 개발하고 있다. 어느 자동차판매회사의 부장은 회사를 그만두는 대신에 부장직책을 버리고 성과급제를 선택하였다. 그 부장은 이제까지 보장된 높은 급여를 포기하고 자유를 원했다. 결국 그는 지금까지 회사 제품을 가장 많은 판매한 최고의 세일즈맨이 되었다. 부하 관리도 필요 없고 자신의 목표를 향해 뛰기 때문에 크게 만족하며 회사생활을 하고 있다.

물론 직장에서 출세했다고 해서 행복한 것은 아니다. 그건 틀림없는 사실이다. 우리 인생에서 회사가 전부가 아니기 때문이다. 오히려 회사를 퇴직한 후의 인생이 더 길어졌다. 앞으로 길어진 인생을 충실히 보내는 사람이 최후에 웃게 될 것이다. 50대에는 회사일에 모든 열정을 소진하는 것보다 가족 또는 지역의 이웃들과 인연을 회복하는 사람이 남은 인생을 행복하게 살 것이다. 시니어 세대는 직장에서 역할을 바꿀 필요가 있다. 지금까지 승진과 출세를 위해 한눈팔지 않고 열심히 일했다면, 앞으로는 과도한 업무에서 벗어나 조금 떨어진 곳에서 자신의 경험과 기술을 활용해 조언하는 역할로 바꿔야 한다. 그래야 자립된 주체로 다시 설 수 있다. 적어도 50세가 되면 '출세'에서 '자립'으로 바꾸는 마음자세가 필요하다.

# ● 능력의 벽

직장에서 퇴직하는 이유는 뭘까? 무엇보다 현재의 회사에 매력을 느끼지 못하기 때문이다. 젊었을 때만큼 회사에 대한 충성심과 의욕이 없다. 회사도 마찬가지로 50대에게 매력을 느끼지 않는다. 이용 가치가 떨어진 불량재고 자산이 되었기 때문이다. 서로 매력을 느끼지 못하는 관계가 된 것이다. 이러한 이유로 서로의 관계를 그만두고 싶어 한다. 부부의 이혼이나 연인의 이별과 같다. 이미 서로에게 느끼는 매력이 없어진 것이다. 회사에 매력을 느끼진 못하면서 계속 근무한다면 생산성은 오르지 않는다. 어떤 사람은 꾹 참고 정년까지 버틴다. 또 어떤 사람은 정년 전에 전직이나 창업을 준비해 독립하는 경우도 있다.

실례지만 나이가 어떻게 되시나요?

직장에 남거나 퇴직할 때 먼저 자신의 능력을 점검하면 자신의 시장가치를 대충 예상할 수 있다. 50대에 능력을 점검하면 무슨 의미가 있느냐고 항변하는 사람도 있다. 50대 직장인이라면 입사 후에 익히고 쌓은 능력과 스킬이 매우 많다. 누구에게나 그런 능력이 있다. 자신을 가져도 좋다. 과거 경력은 모두 소중한 지적 재산이라는 신념을 갖고 자신의 능력을 드러내 보자. 그런 능력과 스킬은 새로운 커리어를 개발하는 반석이 된다. 그리고 앞으로 무엇을 할 수 있는지를 가늠해보는 중요한 기준이 된다.

제조업체에 근무하는 홍정기 씨(55세)는 5년간 해외영업 경험이 있다. 유럽국가를 대상으로 영업을 했기 때문에 해외 비즈니스 사정에 상당히 밝은 편이다. 10년 전에 해외영업 업무는 젊은 후배들로 대체되었다. 해외영업에 종사한 지 오랜 세월이 지났기 때문에 자신의 능력으로 생각해보지 않았다. 그러나 생각을 바꾸어 보자. 홍씨의 해외영업 경험은 유럽의 판로는 개척해야 하는 중소기업에서는 충분히 통용되는 능력이다. 시간이 지났지만 아직도 유럽국가에 인맥이 있다면 더욱 그렇다.

국내영업을 해온 사람도 과거 경력을 분석해보라. 영업대상이 법인인지 개인인지, 개인이라면 부유층인지 일반 대중인지 상세하게 파악한다. 영업지원 업무를 했다면 어떤 방식으로 했는지 구체적으로 정리해본다. 관리 분야에서 일했다면 어떤 분야를 잘할 수 있는지 익힌 능력을 하나씩 파악해본다.

이렇게 능력을 점검한 후에 자신의 시장가치가 얼마나 되는지 탐색해본다. 시험 삼아 헤드헌팅 회사의 컨설턴트와 상담해 봐도 좋다. 능력을 점검하고 시장가치를 파악하는 과정에서 뜻밖의 전직처를 발견하는 사례도 종종 있다. 그런 회사는 당신의 능력을 인정하는 회사이기 때문에 전직해도 문제가 없을 것이다. 설령 그런 행운이 없더라도 시장가치를 파악하면서 자신의 모습을 제대로 인식할 수 있다. 시장가치를 제대로 파악한다면 현실적인 선택을 하는 데 도움이 된다.

누구나 시장가치를 갖고 있다. 낡은 책이나 장식물도 시장가치가 있듯이 당신의 능력도 분명히 시장가치가 있다. 당신의 능력을 점검하면서 불량재고는 다시 닦고 정리해보라. 불량재고가 우연히 우량자산으로 만들어지는 것이 아니다. 숨겨진 능력을 찾아서 끊임없이 갈고닦는 정신이 필요하다.

## ● 전직의 벽

50대가 되면 언제 있을지 모르는 희망퇴직에 대한 불안을 느낀다. 선배들이 떠난 후 언제 내 차례가 올지 모르기 때문에 일에 대한 열의도 없어진다. 만약 퇴직을 하게 되면 무엇을 해야 할지 걱정이 태산 같다.

최성록 씨(55세)는 은행의 지점장으로 근무하다 희망퇴직을 했다. 희망퇴직 조건으로 3년 치 연봉을 받았다. 가족의 생계 문제는 걱정되지 않았지만 일을 계속하고 싶어 전직 지원 서비스를 신청하였다. 28년의 은행 근무경력으로 어느 업종이나 회사로 전직할 수 있을지 상담을 받았다.

"최 선생님은 은행에서 지점장까지 하신 훌륭한 분이지만, 앞

61

으로 예전에 맡았던 은행의 직책은 잊으셔야 합니다. 지금까지 해 오신 직무를 분석해서 어떤 능력이 있는지 파악해봐야 전직했을 때 어떤 업무가 적합한지 알 수 있을 겁니다. 전직하고 싶다면 한 가지 명심하실 것이 있습니다. 보통 회사는 싸고 오래 사용할 수 있는 사람을 선호합니다. 선생님 같은 분은 높은 연봉으로 짧게 사용할 수밖에 없어요. 회사는 어떤 사람을 쓸 것 같습니까? 가격이 비싸고 맛없는 레스토랑에는 아무도 가지 않습니다. 선생님이 그런 상황입니다. 자신이 무엇을 할 수 있는지 냉정하게 다시 생각해보시길 바랍니다."

최씨는 큰 충격을 받았다. '도대체, 나는 지금까지 무엇을 했단 말인가?' '오랜 세월 동안 자리만 지켜온 걸까?' 지점장으로 5년을 일한 경력 외에 본사의 영업부서와 홍보팀에서 근무했다. 하지만 구체적으로 무엇을 했고 어떤 스킬을 익혔는지 모른다. 홍보팀에서 성과를 올렸지만, 그 일을 통해 어떤 능력을 갖추게 되었는지 자신 있게 말할 수 없다.

50대가 되면 최씨와 똑같은 상황을 맞이한다. 퇴직 후에 고용지원센터를 방문하면 중장년층의 어려운 취업 현실을 이해하게 된다. 항상 남의 일로만 여겼던 것들이 나의 현실이 된 것이다. 거짓말 같다고 생각되면 퇴직 전이라도 꼭 한 번 전직 상담을 받아보길 바란다. 아무도 당신을 원하지 않는 현실을 알면 절망할지도 모른다.

이러한 50대의 현실을 알면 회사에서 버틸 수밖에 없다. 어쩌면 지금 다니는 회사에서 계속 버티는 것이 정답일 수도 있다. 버티는 것도 능력이기 때문이다. 만약 버티지 못하고 퇴직한다면, 퇴직 후 어느 방향을 선택해야 할지 고민될 것이다. 다른 회사로 전직하고 싶어도 오라는 곳이 없다. 선택의 벽에 부딪히면 창업의 유혹이 손길을 뻗친다. 혹시나 하는 마음에 참석한 프랜차이즈 창업 세미나에서 잘만 하면 많은 돈을 벌 수 있다는 말이 달콤하게 들린다. 명퇴금을 투자해서 창업하면 순식간에 부자가 될 것 같은 착각에 빠진다. 월급쟁이보다 나은 장밋빛 인생이 그려진다. 그러나 창업의 현실은 냉혹하다. 창업해서 성공하는 사람은 드물다. 사업이란 원래 배수의 진을 치고 모든 것을 바쳐야 생존할 수 있다. 그만큼 단단한 각오로 시작해야 한다.

2016년부터 60세 정년제가 되었다. 그러나 자의든 타의든 간에 여전히 50대의 조기 퇴직은 계속 늘어나고 있다. 좀 실례되는 말이지만, 50대가 회사에서 불량자산으로 취급받고 있다는 증거일지도 모른다. 불량자산은 시장에서 가격을 크게 내리지 않으면 거의 팔리지 않는다. 전직 시장에 나온 50대의 현실이다. 한번 입장을 바꿔 냉정하게 생각해보라. 기업이 50대를 채용하면 높은 급여를 주어야 하고 길어야 10년 정도 활용할 수 있다. 만약 당신이 사장이라면 채용하겠는가? 확실히 투자효율이 높지 않다. 젊은 사람이라면 급여가 적고, 인재교육에 투자해도 근무 기간이 길기 때문에 투자대비 효율이 높다. 누구도 확실한 능력과 스킬이 없는 50대 인력을 원하지 않는다. 이러한 냉혹한 현실을 알고 전직에 대비해야 한다.

필자의 지인 중 한 명은 인터넷 업체에서 IT전문가로 일하고 있다. 젊은 시절부터 업계에서 인정받았던 IT전문가였다. 그러나 최근 회사에서 최신 IT기술을 따라가지 못한다는 이유로 능력을 인정받지 못하고 있다. 불과 5년 전만 해도 그의 IT기술은 충분히 통용되었다. 하지만 최근 급속히 발달하는 IT기술을 도저히 따라잡을 수 없다. 그래서 후배들에게도 실력이 밀리고 있다. 새로운 기술을 배우고 노력해봐도 쫓아가기가 쉽지 않다. 젊은 시절에는 아무것도 아니던 일이 50대에는 벅차고 힘들다.

50대의 전직이 불량재고를 처분하는 것처럼 취급받지 않아야 한다. 50대는 경험과 능력이 풍부한 우량자산이다. 다만 시간이 흐르면서 갈고닦지 않아 녹슬어 있을 뿐이다. 이제부터 스스로 우량자산으로 거듭나야 전직에 성공할 수 없다. 현재 소속된 회사에서 불량재고로 취급받아도 다른 회사에서 보면 충분히 우량자산인 경우도 많다. 당신의 노하우, 과거의 능력과 스킬이 필요한 곳은 무수히 많다. 그런 기업을 찾으려면 당신도 우량자산으로 변신하려는 노력이 필요하다. 젊은 세대와 달리 40대와 50대는 재직 중에 언제든지 쉽게 전직할 수 없다. 퇴직 후에는 누구나 전직할 가능성이 크다. 정년 후를 대비해서라도 지금부터 당당하게 전직할 수 있는 능력을 갖춰두어야 한다.

50대가 되면 앞으로 30년을 내다봐야 한다. 때로는 일을 멈추고 자신과 대면할 필요가 있다. 앞으로 자신이 무엇을 하고 싶은지, 무엇을 좋아하는지 성찰하는 시간을 가지길 바란다. 일에 얽매여서 하고 싶어도 할 수 없었던 일을 생각해보길 바란다. 지금까지 직장생활이 후회된다면 더욱 깊이 생각해보아야 한다. 그래야 장래에 후회하지 않는 삶을 살아갈 수 있다.

# 안정의 벽

    최근 "명예퇴직, 칼바람"이라는 제목의 섬뜩한 신문 기사가 자주 등장한다. 특히 연말이 가까워지면 명예퇴직 이야기가 자주 들려온다. 명예퇴직이란 정년이나 징계에 의하지 않고 스스로 회사를 그만두는 것을 말한다. 정년에 앞서 일찍 회사를 떠나는 것이다. 50대 직장인은 명예퇴직 대상자의 일순위다. 최근 40대까지 대상자 폭이 넓어지고 있지만 아무래도 50대 직장인이 명예퇴직의 주된 타깃이 된다. 희망퇴직을 실시하면 당장 먹고 살길이 막막하여 신청하기 어렵다. 거액의 퇴직위로금을 받고 당장 물러나고 싶지만, 아직 대학을 다니는 두 명의 자녀를 생각하면 선택의 딜레마에 빠진다.

필자는 50세에 조기 퇴직을 결정했다. 퇴직위로금을 받고 계약직 신분으로 전환하고, 2년 후에 퇴직하는 조건이었다. 회사의 희망퇴직 대상자 기준에 해당되지는 않았지만, 어쩌면 장래에 하고 싶은 일을 도전해 볼 수 있는 기회라고 생각했다. 주변 동료와 친구들은 조기 퇴직을 적극적으로 만류했다. 결국 흔들리는 마음을 잡고 아내에게 퇴직하고 싶다고 말했다. "당신이 신중하게 생각한 것이니 알아서 하세요." 아내는 딱 이 한마디뿐이었다. 마음속으로 불안했겠지만 얼굴표정에는 전혀 그런 내색을 보이지 않았다.

아내와 협의 후에 바로 명예퇴직 신청서(계약직 전환)에 서명했다. 되돌릴 수 없는 선택이었다. 이제는 오로지 앞만 바라봐야 했다. 그 당시 퇴직 후에 하고 싶은 일은 분명히 있었지만 구체적인 계획은 없었다. 일하지 않아도 될 만큼 충분한 재산도 없었고 의지할 데도 없었다. 그때는 일단 퇴직을 결정하고 나서 준비하겠다는 각오뿐이었다. 50대부터는 자유롭게 하고 싶은 일을 하며 살고 싶었다.

누구나 조기 퇴직을 앞두고 고민하는 것은 당연하다. 안정된 조직을 뛰쳐나오면 매서운 찬 바람이 휘몰아치는 세상이 기다리고 있다. 방한복이라도 입고 나오지 않으면 바로 감기에 걸릴 것이다. 자칫 얼어 죽을지도 모른다. 따뜻한 방에서 창문을 약간 열고 한파가 휩쓸고 있는 세상 밖을 내다보며 고민이 깊어질 수밖에 없다. 무턱대고 밖으로 뛰쳐나와서는 안 된다. 차분히 생각하고 결정하는 것이 좋다. 오로지 자신의 인생이 달린 문제이기 때문에 신중하게 판단해야 한다. 인생의 결단이란 한순간의 일이다.

직장인은 불만이 많지만 불안은 없다. 매달 안정적인 급여를 받기 때문이다. 그러나 퇴직하면 불만은 없어지고 불안은 커진다. 소득이 대폭 줄거나 단절되기 때문이다. 전직해도 특별한 전문가를 제외하고는 받는 소득이 크게 줄어든다. 대기업 부장으로 받던 연봉의 절반을 주는 곳도 거의 찾을 수 없다. 이것은 자신의 능력과 자존심의 문제가 아니다. 이게 엄연한 현실이다.

만약 퇴직을 결정할 때 기존의 소득을 포기할 수 없다면 그만두지 않아야 한다. 또한 아직 남아있는 대출금과 자녀 학비를 생각한다면 회사를 그만둘 수 없다. 절대로 그만둘 수가 없다. 회사에 그대로 있는 편이 낫다. 적어도 월급이 있어 불안하지 않기 때문이다. 간혹 많은 연봉을 준다는 유혹에 이끌려 사기를 당하거나, 원하지 않는 회사로 전직하는 사람도 있다. 40대, 50대에는 한 번의 잘못된 선택으로 커리어에 치명타를 입을 수 있기 때문에 조기 퇴직을 결정할 때에는 신중을 기해야 한다.

그러나 소득이 줄어도 자유를 원하는 사람도 있다. 하고 싶은 일이 있고 그 일을 이루고 싶은 사람이다. 자기만족일지도 모르지만 소득보다 하고 싶은 일이 우선하기 때문이다. 전직도 마찬가지다. 현재의 회사보다 단지 더 많은 소득을 받을 수 있다고 해서 회사를 옮겨서는 잘되지 않는다. 예수는 사람이 빵만으로 살 수 없다고 말했다. 빵만 찾고 있다면 비참해진다. 새로운 회사에서 꿈을 펼 수 있고, 자신이 하고 싶은 것을 마음껏 할 수 있는 전직을 선택하는 것이 좋다. 소득은 노력의 결과라고 생각해야 한다. 회사를 그만두고 전직해서 성실하게 일하고 인정받은 결과이다. 그러한 노력이 자아실현으로 연결된다면 최고의 선택이 될 것이다. 소득이 줄어드는 것을 두려워하지 말자. 소득이 줄어든 공간을 새로운 꿈으로 채워보자.

50대는 중요한 선택 앞에 서있다. 이 시기에 우리는 인생의 가치를 어디에 둬야 할까? 내 자신뿐만 아니라 가족도 생각해야 한다. 안정된 소득에 가치를 둔다면 회사에 계속 있는 것이 좋다. 그러나 하고 싶은 일에 가치를 둔다면 회사의 틀에서 벗어나는 것도 생각해야 한다. 인생을 바쳐서 하고 싶은 꿈과 목표가 있다면 회사를 그만두어도 좋다. 가족도 당신의 새로운 꿈과 목표를 응원할 것이다. 50대는 아직 업무능력과 경험이 풍부하고 체력도 좋다. 새로운 커리어에 도전할 수 있는 충분한 시간도 있다.

다만 회사를 그만두기 전에 냉정하게 자기 삶의 가치관을 생각하라. 오로지 소득에 중심을 두고 결정하지 않길 바란다. 소득은 어디까지나 결과이다. 자신을 믿고 창문 밖의 거친 세상으로 나갈 것인가? 아니면 문을 닫고 방에 틀어박혀 편안함과 안정을 누릴 것인가? 선택은 당신의 몫이다.

## 가족의 벽

"결혼한 지 25년이 지나 아내와 관계도 전보다 많이 냉랭합니다. 두 대학생 자녀들은 친구들과 만나며 바쁜 대학생활을 보내고 있죠. 일주일 동안 가족이 다 함께 식사 한번 하기도 어려워요. 온 가족이 집에 함께 있어도 서먹서먹합니다. 요즘 단축근무제로 집에 일찍 들어와도 아내는 상대도 안 해주니 혼자서 뭘 해야 할지 모르겠어요."

우리 주변에서 흔히 볼 수 있는 50대 직장인이자 가장의 말이다. 그동안 직장에서 바쁘게 살았다. 열심히 일한 대가로 부장까지 승진했다. 생각해보면 저녁 9시 전에 귀가한 적이 많지 않다. 가사와 자녀교육에 신경 쓴 적이 없다. 가정은 오로지 아내의 몫

71

이었다. 아내는 툭하면 야근하는 남편을 일상적으로 푸념할 뿐이다. 은연중에 자녀들은 가족을 돌보지 않는 아버지에게 불만을 갖게 된다. 모두 자신의 탓이라고 자책해본다. 이렇게 가족 간에 오래도록 묵은 감정은 일시에 해소되기 어렵다. 사람은 감정의 동물이기 때문이다.

흔히 노후에 부부가 공통의 취미를 함께 즐길 수 있어 좋다고 말한다. 그렇다고 갑자기 아내에게 함께 할 취미를 갖자고 말하면 콧방귀만 뀐다. '좀 더 젊었을 때 공통의 취미를 찾았다면 함께 즐길 수 있었을 텐데' 라는 생각이 새삼스럽게 든다.

부부가 함께 공통의 취미를 억지로 만들면 문제가 생길 수 있다. 혼자서도 즐길 수 있는 취미를 찾아 몰입해보는 것이 좋다. 가정의 질서를 수습하면서 집에서의 역할을 바꾸어 보자. 밖에서 음주를 삼가고 일찍 귀가해 집에서 활기차게 즐길 수 있는 것을 찾아보라. 가족을 위한 요리, 그림 그리기, 운동 등 집에서 할 수 있는 것은 얼마든지 있다. 또한 가족과 적극적으로 대화하고 돕는 모습으로 이미지를 바꾸어 본다. 활기차게 살아가는 모습을 보면 가족들도 마음의 문을 열고 다가올 것이다.

### 가족과 가계재무 상태를 공유하라

50대는 가계지출이 가장 많은 시기이다. 그만큼 가장으로서 경제 부양의 책임도 무겁다. 대학생과 재수생 자녀가 있는 가계를 가정해보자. 매월 생활비 외에도 두 자녀의 교육비가 만만치 않다. 대학생은 학자금대출로 학비를 충당할 수 있지만 매월 용돈도 줘야 한다. 재수하는 딸의 학원비는 대학 교육비보다 많이 든다. 각종 대출금 상환금액도 부담된다. 전업주부인 아내가 조금이라도 가계에 보탬이 되려고 생활전선에 뛰어든다. 남편의 용돈도 빠듯하다. 간혹 부하직원들과 소통을 목적으로 술 한 잔 사고 나면 용돈은 금방 바닥난다. 부하직원보다 연봉이 많다는 이유로 부장으로서 늘 체면 때문에 술값을 낸다.

이러한 가계경제 환경에서 갑자기 회사를 퇴직하면 가족의 생계가 위협받는다. 50대에 직장의 앞날을 알 수 없어 아들의 대학원 진학을 만류하고 싶지만 그렇게 할 수도 없다. 대학을 졸업하면 바로 취업이 보장되는 것도 아니다. 최악의 상황이지만 가장으로서 절망적인 말을 해서는 안 된다고 마음속으로 다짐한다. 가족에게 약한 모습을 보이고 싶지 않기 때문이다. 힘들지만 가족을 위해 희생을 각오하고 앞으로 계속 나아가야 한다.

직장에서 임금피크제가 적용되면 급여도 매년 줄어든다. 이대로 있으면 지출이 소득보다 많아 가계상태는 마이너스로 바뀐다. 당장 생계유지와 자녀교육비를 충당하느라 노후준비는 꿈도 못 꾼다. 만약 당신이 퇴직을 앞둔 50대라면 가계 재무상태를 점검

　　　　　　　누구도 피할 수 없는 50대 인생장벽

해봐야 한다. 지출이 많고 인생의 이벤트가 집중된 시기이기 때문에 재무대책에 신중할 필요가 있다. 혼자서 점검하기 어렵다면 전문가의 상담을 받으며 가계대책을 미리 세워 실천하는 것이 좋다. 배우자와 자녀도 함께 상담에 참여한다면 훨씬 실천 가능성이 높아질 것이다.

사장만 혼자서 열심히 뛴다고 경영이 절대로 좋아지지 않는다. 현상을 분석하고 정보를 공개해 직원들과 함께 같은 방향으로 나가야 한다. 가족경영도 마찬가지다. 가족에게 가계상황을 자세하게 설명하고 이해시켜야 한다. 가족이 힘을 합쳐 가계를 유지해 나가야 한다. 자녀들에게 숨기지 말고 대화를 통해 상황을 잘 이해하도록 해야 한다. 그래야 자신이 어떤 선택을 하더라도 지금보다 가족의 결속력이 커질 수 있다. 가족들도 가장의 선택을 열심히 응원할 것이다. 가족의 힘을 믿고 대화하면 화합할 수 있을 것이다. 가족은 행복의 기반이라는 사실을 명심하자.

## ● 장수의 벽

UN 인구통계에 따르면, 2015년 전 세계 100세 이상 인구는 43만 4,000명이다. 2050년에는 367만 6,000명까지 늘어날 것이라고 한다. 일본은 세계에서 유례없는 장수사회를 맞이하고 있다. 2018년 9월 기준으로 100세 이상 고령인구가 약 7만 명에 이르렀다. 아베 총리는 "인생 100년 시대 구상회의"를 설치했다. 이 회의에서 100세 시대에 맞게 평생교육, 고령자 고용, 사회보장 개혁 등을 전면적으로 검토하고 있다.

인생 100세 시대에는 60세에 퇴직해도 40년이라는 긴 시간이 남아 있다. 각종 은퇴설계 서적이나 금융회사의 광고자료를 보면 인생 100세 시대를 어떻게 살아가야 할지 설명하고 있다. 노후에 대비해 어떻게 돈을 모으고, 건강하고 즐겁게 시간을 보낼지 많은 정보가 범람하고 있다. 이러한 정보를 활용해 충실한 노후 생활을 계획하고 준비하는 사람은 과연 얼마나 될까? 당장 내일 일어날 일조차 모르는 시대에 100세 시대를 살아갈 계획을 세울 수 있을까?

공자는 "아침에 도를 들으면 저녁에 죽어도 여한이 없다.(朝聞道, 夕死可矣)"고 말했다. 인생 100년을 사는 것보다 순간순간 인생의 의미를 느끼면서 살아가는 것이 중요하다는 가르침이다. 그 매 순간이 축적되어 인생 100년이 되기 때문이다. 또한 공자는 인생을 성숙의 관점에서 연령별로 나누어 생각한 최초의 사람이다. 공자는 나이가 들면 지식과 감정이 풍부해져서 원숙한 깨달음의 경지에 들어간다고 했다. 공자의 이러한 사고는 현시대에 맞을까? 프랑스의 철학자 몽테뉴는 ≪수상록Essais≫에서 인간의 위대한 업적은 대체로 30세까지 이루어진다고 결론 내렸다. 나이가 들면 정신력과 체력이 향상되기보다는 줄어들고, 진보하기보다는 확실히 퇴보한다고 솔직하게 말했다. 지식과 감정이 나이가 들면서 더욱 원숙해진다는 공자의 말과 배치된다.

나이가 들면 신체적으로나 정신적으로 쇠퇴한다. 육체적인 노화 속도를 늦추기 위해 계속 운동해야 한다. 그리고 언제 닥칠지 모르는 인지증Dementia을 예방하기 위해 뇌 훈련도 해야 한다. 무엇보다 제2인생을 살아가기 위해 생활비도 확보해야 한다. 노후 파산, 노후빈곤이라는 섬뜩한 용어를 자주 듣는다. 실제로 한국의 노인빈곤율은 OECD 국가 중에서 가장 높다. 억대 연봉을 받았던 직장인도 퇴직 후에 자영업을 하다 실패하면 곧바로 빈곤층으로 떨어진다. 현역 시절에 잘 나간다는 소리를 들으며 화려한 생활을 했어도 노후에는 어떻게 될지 모른다. 옛날에는 오래 사는 게 축복이었지만 지금은 준비하지 않으면 인생의 리스크가 되는 시대다. 이렇듯 인생 100세 시대에는 언제, 어떤 일이 일어날지 예측할 수 없다. 적어도 50대부터 장수위험에 대비하는 것이 우리가 할 수 있는 최선의 방법이다. 50대는 노후준비를 위한 중요한 시기이다. 50대에 어떤 인생을 선택하느냐에 따라 노후 리스크가 높아지거나 낮아질 수 있다.

막연히 노후생활을 걱정하는 사람이 많다. 노후에 얼마만큼의 돈이 필요한지 알고 싶어 한다. 각종 통계에 따르면, 부부의 노후 생활비는 월 230~300만 원 정도 필요하다고 한다. 그러나 어떻게 살아가느냐에 따라 각각의 노후비용도 달라진다. 노후비용이 충분하지 않다고 막연하게 불안을 느끼기보다 먼저 어떻게 노후 생활을 보낼지 자신의 라이프스타일을 생각하는 것이 중요하다. 라이프스타일에 따라 노후에 필요한 자금을 결정하고 준비하면 된다. 구체적으로 부부 두 사람이 함께 어떻게 노후를 살아갈지,

생활 수준을 어떻게 할지 논의해보라. 부부가 합의한 목표에 맞춰 50대부터 서서히 라이프스타일을 바꾸어 가야 한다. 만약 추가로 저축이 필요하다면 지출을 줄이고 생활 수준을 조정해 나간다. 부부가 함께 만족할 수 있는 방법을 찾아 나가야 한다.

장수시대에 노후자금보다 더 중요한 것이 있다. 바로 자신의 인생을 충실히 사는 것이다. 타인에게 의존하지 않고 자기답게 살아가려면 주체적인 사고를 해야 한다. 그런 의미에서 장수시대는 자기 철학이 필요하다. 스스로 생각하고 판단해 선택한 삶이 행복한 법이다. 자신만의 행복 가치를 실현하기 위해서는 삶의 태도가 중요하다. 이제는 어떻게 살아갈지 생각해야 하는 철학적 사고가 필요한 시대가 되었다.

# ● 마음의 벽

사람에게 존재감이 없어진다는 것은 가장 큰 공포일지도 모른다. 한때 인기가 하늘을 찌르던 유명 연예인일수록 과거의 영광을 못 잊고 힘들게 살아가는 경향이 있다고 한다. 그들에게는 잘나가던 과거의 모습이 대중에게 점점 잊혀지고 있다는 것은 큰고통이다. 비단 유명 연예인이나 정치인들에게만 해당되는 것은아니다. 퇴직으로 자신의 존재가치를 잃어버리는 사람들이 얼마나 많은가! 어느 50대 회사원은 퇴직을 이렇게 설명한다.

"누구나 퇴직은 원하진 않죠. 하지만 어차피 순응할 수밖에 없겠지요. 근데 경험하지 못해 참 낯설고 어려워요. 너무나 익숙한 회

79

사에서 내 자리가 없어진다는 것은 곧 내 존재가 사라지는 것과 같겠지요. 잊혀진다는 것은 존재가 없어지는 것으로 죽음과 같은 겁니다. 내가 안 죽어 봐서 모르겠지만 죽음의 공포와 마찬가지일 겁니다."

누구나 퇴직을 앞두면 불안함과 심리적 갈등을 겪는다. 언제 있을지 모르는 구조조정 때문에 압박감이 커진다. 또한 회사에게 쓸모없고 부담스러운 존재로 여겨지면서 깊은 나락으로 추락하는 느낌이 받는다. 제대로 보상도 못 받고 떠난다는 것이 억울하고 배신감이 들어 잠을 이루지 못할 때도 있다. 일찍부터 교사나 공무원 같은 안정적인 직업을 선택하지 않은 것이 후회된다. 직장에서 밀려나고 집에서도 가장으로서 존재가치가 없어지는 것 같다. 과거의 직장생활이 허무하게 느껴진다.

퇴직 후 몇 달 동안은 일에서 해방되어 자유를 만끽한다. 여행도 다니고 바빠서 못 만났던 지인들도 만나며 삶의 여유를 즐긴다. 체력도 회복되고 의욕도 넘친다. 그러나 마땅한 일이나 몰입할 대상이 없으면 이러한 상황은 오래가지 않는다. 갈 곳이 없어 매일 집에 있는 생활패턴으로 바뀐다. 그러면서 점점 스트레스가 누적되고 삶의 보람을 느끼지 못한다. 현역 시절에는 일을 통해 얻을 수 있었던 성취감이나 감동이 없기 때문이다. 아무런 성과도 없고 어떤 평가도 없는 평범한 일상생활에서 상실감이 커진다. 삶의 허무함을 느끼며 자신의 존재가치를 의심하게 된다. 때로는 과거로 돌아가 자신을 책망하고 분노한다. 실패한 일을 반복해서 떠올리고 후회하며 자신의 존재를 의심한다.

이제 인생의 중반을 넘어 새롭게 일을 시작한다고 해도 가능성이 없을 것 같다. 아직 청춘의 연장선상으로 생각했지만, 어느 순간 인생의 정점을 지나고 있다는 것을 깨닫게 된다. "나는 지금까지 무엇을 했는가?" "나란 존재는 무엇인가?" 이런 질문을 던져보아도 내세울만한 것이 없다. "내 인생은 도대체 무엇이란 말인가?" 모든 것이 무의미하게 느껴진다. 지금부터 내 앞에 기다리고 있는 것은 내리막길뿐이다. "나에게 할 수 있는 것이 아무것도 없어." 하고 모든 가능성을 닫아버린다. 인생의 가능성이 없다면 어떤 성장도 기대할 수 없다.

그렇다고 마냥 이렇게 비관적으로 살아갈 수 없다. 생각을 바꾸어보면 어떨까? 누구나 인생에서 생각지 못한 비극과 불운이 찾아오기도 한다. 무엇 때문에, 하필 내가 왜 그런 일을 당해야 하는지 원망해도 상황은 나아지지 않는다. 긴 인생에서 현재 상황에 대한 의미를 찾아보자. 찾다 보면 어떤 일에서는 긍정적인 의미를 발견할 수 있다. 분명 이전과 크게 달라지지 않았지만 모든 것이 다르게 보일 것이다. 사람은 누구나 나이들고 때가 되면 퇴직한다. 역행하거나 부정할 수 없는 현실이다. 그렇다면 현재의 내 모습을 인정하고 긍정적으로 생각하는 것이 현명한 자세다. 퇴직과 상관없이 앞으로 내 인생은 반드시 계속될 것이라는 확신이 필요하다.

≪레미제라블≫을 쓴 빅토르 위고는 인생의 중년기에 대해 이렇게 말했다. "40대는 청춘의 노년기이지만, 50대는 노년의 청춘기이다." 이제 청춘의 위력으로 다시 인생 후반의 오르막길을 올라가야 한다. 가본 적이 없는 오르막길은 험난하고 힘겨울 것이다. 그러나 현역 시절처럼 열심히 살아간다면 행운도 따르고 행복한 순간도 많을 것이다. 지금부터 인생을 충실히 살아간다면 계속 성장하고 발전할 것이다.

"인간은 좀처럼 일어나지 않는 행운으로 행복해지는 경우는 거의 없다. 행복은 일상의 작은 발전에서 오는 것이다." 미국의 정치가 벤자민 프랭클린의 말이다. 아직도 긴 인생에서 가장 의미 있는 일, 하고 싶은 일을 할 만큼 충분한 시간이 남아 있다. 밀도 있는 시간계획을 세우고 실천하면서 작은 성장과 발전을 쌓아가는 것이 중요하다. 복싱에 비유하면 부지런히 움직이며 계속 내뻗는 잽 공격이 필요하다. 작은 발전이 쌓여가면서 큰 목표가 이루어진다. 이렇게 작은 발전과 성장을 거듭하면서 삶의 의미를 느끼고 행복감에 도달하는 것이다.

그런데 우리는 너무 먼 미래에서 삶의 의미를 찾고 있지는 않을까? 어느 과학자가 삶의 의미를 연구하려고 3,000명에게 "당신은 왜 살고 있습니까?"라고 물어보았다. 대부분의 사람은 살면서 은퇴를 기다리고 있다고 대답했다. 어떤 사람은 세계일주 여행을 기다리며 살고 있었다. 또 자녀가 성장하기를 기다리며 사는 사람도 있었다. 모든 사람이 어떤 것을 기다리고 있었다. 그 과학자는 "모든 사람이 인생을 기다리면서 보내고 있다니 얼마나 슬픈 일인가!" 하고 탄식하였다. 그리고 이렇게 답장을 썼다. "그날이 오늘입니다. 하고 싶은 일이 있으면 꿈을 꾸세요. 그리고 그 일을 해야만 꿈이 실현됩니다. 그날이 오늘입니다."

50대 회사원에게 "좋아하는 일이나 하고 싶은 일은 무엇입니까?"라고 물어보았다. "지금까지 특별히 하고 싶은 일을 생각해 본 적이 없어요. 영업관리 업무가 익숙하고 잘할 수 있지만, 솔직히 말해서 하고 싶었던 일은 아닙니다"라고 대답했다. "퇴직 후에는 하고 싶은 일을 찾아보면 어떨까요?"라고 다시 질문을 던진다. "내 나이에 하고 싶은 일을 한다고 해서 뭐가 크게 달라질 게 있을까요?"라는 답이 돌아왔다.

50대 회사원의 이야기만이 아니다. 많은 직장인들은 바쁜 현업에 쫓겨서 하고 싶은 일을 마음속에 담아 둔 채 살아간다. 어떤 사람은 "앞으로 퇴직하면 꼭 하고 싶은 일을 하면서 살아야지!"

라는 생각으로 막연한 꿈을 꾸고 있다. 물론 퇴직 후에는 하고 싶은 일을 찾아 삶의 방식을 바꾸는 사람도 더러 있다. 그러나 많은 퇴직자는 또다시 현실적인 삶의 장벽에 부딪혀 하고 싶은 일을 포기해버린다.

　사람들이 하고 싶은 일을 찾지 않는 이유가 무엇일까? 무엇보다 실패를 두려워하기 때문이다. 실패할까 봐 지레 겁먹고 시도조차 하지 않는다. 한 발도 내딛지 못하고 현실에 안주하며 자기를 합리화한다. 당장 시급한 가족의 생계 문제 때문에 어쩔 수 없다면서 다음 기회로 미룬다. 본질적인 문제는 하고 싶은 일을 모르는 게 아니라, 자신의 마음속에 있는 본심을 회피하고 있는 것이다. 언제까지나 하고 싶은 일을 마음속 쓰레기통에 넣어두고 있다면 하고 싶은 일을 영원히 찾을 수 없다.

　이것을 극복하는 방법은 하고 싶은 일을 마음속에 간직하고 있다는 사실을 인정하는 것이다. 자신의 허약함을 인정하고 회피하고 있다는 사실을 받아들일 때, 진정으로 하고 싶은 일을 찾아 나설 수 있다. 설령 우리가 잘할 수 있는 자신감이 없어도 하고 싶은 일을 인정할 필요가 있다. 자신이 좋아하는 일을 마음속에 담아두지 않으면 어느 시점에 도전할 용기가 생길 수 있다.

## 절망하는 능력이 있는가

그럼 우리는 진정으로 하고 싶은 일을 찾는 방법은 없을까? 일본의 정신과 의사 다카하시 카즈미高橋和巳는 '절망하는 능력'이 필요하다고 말한다. 절망하는 능력이란 이대로 가면 절대 안 된다고 인식하고, 절망적인 상황을 받아들일 수 있는 능력이다. "지금까지 생활방식 때문에 이런 결과가 나왔다. 앞으로도 계속 똑같이 살아간다면 틀림없이 똑같은 실패를 반복할 것이다." 이렇게 사람은 과거의 잘못된 행동을 인정하고 마음속 깊이 깨달을 때 진심으로 변하려고 결심한다. 절망을 받아들이는 것은 매우 힘든 심리적인 작업이다. 30년이라는 긴 시간을 부정하기란 쉽지 않은 일이기 때문이다. 그래서 절망을 인내할 수 있을 만큼 마음의 강인함과 여유가 필요하다.

절망하는 능력에 의해 사람은 자신의 삶을 되돌아 보게 된다. 그리고 지금까지 유지했던 삶의 방식과 일하는 방식을 크게 바꾼다. 윌리엄 브리지스William Bridges는 이러한 인생전환 시기를 전기transition이라고 했다. 누구나 이러한 인생의 전기를 극복하는 과정에서 심리적 고통을 받는다. 윌리엄 브리지스는 이때 "내 인생에서 지금 무엇을 버릴 것인가?"라는 질문을 자신에게 던져야 한다고 말한다.

## 내려놓아야 새로운 것을 얻는다

사람의 손은 두 개밖에 없다. 양손에 물건을 쥔 채 새로운 것을 잡을 수 없다. 새로운 것을 잡고 싶다면 지금 잡고 있는 것을 놓아야 한다. 이것은 용기와 결단이 필요하다. 누구나 지금까지의 가치관, 명예와 체면, 안정된 소득, 직책 등을 내려놓아야 할 때 불안을 느낀다. 30년 동안 내 모습을 대신한 익숙한 것들이기 때문이다. 내려놓는 것을 불안해하지 않아야 한다. 여유를 가지고 조금씩 내려 놓는 것이 좋다. 내려놓는 것이야말로 자신의 가치관으로 살아갈 수 있는 최고의 방법이다. 내려놓게 되면 무거운 책임에서 자유로워질 수 있고, 그만큼 행복한 인생을 살수 있다.

**3장**

**돈보다 중요한 변신자산 만들기**

≪라이프 시프트≫의 저자 린다 그래튼은 인생 100세 시대에는 유형자산(재산) 이외에도 무형자산이 중요하다고 했다. 생산성 자산, 활력자산, 변신자산이라는 3가지 무형자산은 다단계 인생을 살아가기 위해 필요한 자산이라고 말한다. 구체적으로 말하면 생산성 자산은 생산성 향상과 커리어 상승에 도움이 되는 자산으로 스킬과 지식, 네트워크, 평판 등을 말한다. 활력자산은 신체적 정신적 건강과 심리적 행복감을 얻기 위한 자산이다. 즉 심신의 건강, 건강한 생활, 친구와 가족 등을 말한다. 변신자산은 인생 100세 시대를 살아가면서 닥칠 큰 변화에 적응하고 스스로 변화해 나가기 위한 자산이다. 자기이해와 다양한 인적 네트워크를 말한다.

지금까지 유형자산을 더 많이 가지는 것이 성공의 보증수표였다. 부동산과 금융자산, 사회적 지위 등이다. 물론 이러한 유형자산도 중요하다. 하지만 유형자산만을 쌓는 데 치중해서는 길어진 인생을 살아갈 수 없다. 라이프 시프트라는 말은 인생을 바꾸어가는 전략이다. 엄밀한 의미에서 무형자산 전체가 변신자산이라고 말할 수 있다. 우리가 갖춰야 할 변신자산은 다음의 5가지이다. 즉 열린 마음(긍정적인 자세와 도전정신), 평판, 지식재무장, 건강, 인생 가치관이다.

## ● 열린 마음

열린 마음은 100세 시대의 귀중한 자산이다. 열린 마음을 가질 때 다양한 변화를 극복하려는 의지가 생긴다. 누구나 변화를 두려워하고 회피하려 한다. 변화는 항상 위험이 따르기 때문이다. 길어진 인생에서 계속 변화해나가는 자세가 필요하다. 때로는 피할 수 없는 변화를 적극적이로 받아들이고, 그 변화를 즐길 수 있는 자세가 중요하다.

스탠퍼드대학 크롬볼츠 교수는 행복한 인생을 보내고 있는 사람을 인터뷰하고 '계획된 우연성'이라는 이론을 제시했다. 행복한 인생을 보내는 사람은 '우연'이라는 말을 자주 사용하였다. 성공한 사람들은 인생에서 자신의 노력보다 뜻밖의 운과 인연,

돈보다 중요한 변신자산 만들기

사건 등이 성공에 더 큰 영향을 주었다고 생각했다. 그들은 우연성을 중시하는 삶의 태도를 가지고 있었다.

이렇게 행복하고 성공한 사람의 공통점은 인생의 뜻밖의 인연과 운에 대해 열린 마음을 가지고 있다. 인생에 행복을 주는 것은 노력이 전부도 아니고, 단순히 운도 아니다. 인생에서 만난 우연한 운과 인연에 대해 열린 자세를 가진 사람이 행복한 인생을 보내고 있다. 누구나 인생을 살다 보면 갑자기 기회가 찾아온다. 편협한 사고를 가지면 그런 기회조차 보지 못한다. 이러한 기회를 얻으려면 외부세계에 자신을 열어두어야 한다. 시시각각 주변 상황에 눈을 돌려 기회를 살피는 자세를 가져야 한다. 기회가 올 때 과감하게 행동하는 것이다. 고정된 미래의 방향을 정해두고, 그 방향에 너무 과도하게 집착하면 새로운 기회를 보지 못한다. 환경변화에 대응할 수 없으며 기회를 놓칠 수밖에 없다.

인생에서 우연한 기회를 잡고 성공한 사람들의 사례는 얼마든지 많다. 자기계발 책에 소개되는 대부분의 성공사례는 추후에 과거를 추적하여 해석한 것이다. 이러한 추후 해석은 성공의 결과를 재료로 삼아 어떻게 기회를 적극적으로 만들었는지 이야기한다. 간단히 말해 과거 행동을 정당화하는 이야기다. 보통 사람들이 이러한 이야기를 들으면 "정말 대단하다"고 말해도 자신은 그렇게 할 수 없다고 단정한다. 자신과 다른 세상의 이야기라고 치부해버린다. 세상엔 성공모델이 얼마든지 많지만 성공한 사람들의 사례는 남의 이야기일 뿐이라고 생각한다.

그렇다면 '나는 그들처럼 할 수 없어'라고 생각하는 사람들에게 희망을 주는 이야기가 필요하다. 영업활동으로 바쁜 일정을 보내는 사람, 생산라인에서 작업에 열중하는 사람, 중대한 신규 사업 프로젝트에 집중하는 사람처럼 평범한 이들에게는 장래의 인생 커리어를 생각하는 계기를 만드는 작업이 중요하다. 이를 위해서는 회사 내부뿐만 아니라 바깥 세상에 귀를 기울이고 소통할 수 있는 열린 마음이 필요하다.

필자는 평범한 직장인 40대와 50대를 대상으로 커리어 설계에 관한 강의를 하고 있다. 대부분의 수강자는 그 회사에서 빠르게 승진하고 인정받는 사람들이 아니다. 일상 업무에서 쫓기지만 능력개발의 필요성을 느끼는 사람들이 많다. 회사에서 장래가 불투명하고 앞으로 어떻게 살아갈지 불안을 느끼는 사람들이다. 많은 50대 수강자는 퇴직 후에 어떤 일이든 가리지 않고 일을 계속하고 싶어 한다. 그래서 인생의 새로운 계기를 찾고 싶어 한다. 지금까지 회사에 인생을 맡겨두고 자신의 장래 커리어를 준비하지 못했던 직장인의 목마른 심정을 느낄 수 있다.

강연에서는 유명한 사람의 성공사례가 흥미를 끌 수 있다. 하지만 수강자들의 반응은 다른 세상의 이야기라고 생각한다. 퇴직

돈보다 중요한 변신자산 만들기

후에 어떻게 살아갈지 불안을 느끼는 사람들에게 친근한 사례나 롤모델이 필요하다. 실제로 인생을 바꾸어 가는 사람들을 이야기할 때 수강자는 마음을 열기 시작한다. 친근한 사례를 보고 "저렇게 사는 방법도 있구나"라며 관심을 갖는다. 그리고 롤모델을 통해 새로운 기회를 찾고 그들처럼 도전정신으로 무장하고 실천해 나간다.

누구나 자신의 미래에 대한 불안을 느끼며 고민한다. 이런 불안을 느끼면서도 활동적인 인생을 꿈꾸며 기회를 찾는 사람도 많다. 다만 어떤 것이 기회인지 보이지 않을 뿐이다. 그래서 "이런 일이 기회일까?", "어떻게 하면 기회를 만들지?" 하고 고민한다. 우리 주변에는 인생의 기회를 살려 자기다운 인생을 살아가는 평범한 사람이 많다. 주변의 평범한 성공사례는 자신의 이야기가 될 수 있다. 인생 100세 시대에 커리어 개발의 주역은 어디까지나 당신이다. 열린 자세를 가지고 탐구하면 새로운 기회가 보일 것이다. 새로운 기회를 포착하고 과감하게 행동할 때 당신은 또 다른 평범한 성공모델이 될 것이다. 이것이 바로 라이프 시프트의 본질이다.

# ● 도전 정신

익숙하고 편한 것에 안주하는 자신의 모습을 부정하고 실천할 때 변화가 일어난다. 현재 친숙한 쾌적영역에서 벗어날 준비를 해야 한다. 인생을 살아가는 방식을 바꾸려면 새로운 목표를 세우고 도전하는 자세가 필요하다.

새로운 도전에는 역경이 따른다. 역경을 헤쳐나가는 것이 두려워 현재의 안정된 틀에 안주해버린다. 여러 가지 평계를 대고 무난한 길을 선택한다. '새로운 도전 = 실패'라는 공식을 마음속에 정해두고 있다. 뭔가 새로운 일에 도전할 때 자신에게 맞지 않는다고 미리 포기하는 사람도 있다. 누구나 그런 적이 있다. 처음 도전하는 일이 자신에게 맞을지 여부는 아무도 알 수 없다. 실패를 거듭한 사람은 공포심 때문에 미리 포기해버린다. 새로운 일에 도전하려면 탐구심과 호기심이 필요하다. 누구에게나 새로운 세계에 대한 지적 호기심이 있다. 이러한 지적 호기심을 가지고 새로운 세계로 조금씩 나아가는 정신이 중요하다. 또한 새로운 일에 도전하고 실천해나간다면 장래에 성장한 자신을 만날 수 있다.

무엇보다 먼저 시작하는 것이 중요하다. 일단 시작하는 용기를 가져야 한다. 세상에 완벽한 정답은 없다. 또한 불확실한 시대에 안정된 미래는 없다. 일단 시작하고 일을 추진하면서 상황에 따라 바꾸어 나가는 유연한 자세가 필요하다. 일단 시도해보아야 나에게 맞는지 확실히 알 수 있다. '일단 해보자!' 라는 생각과 자세를 가지면 어떤 일에도 적극적으로 대응할 수 있다. 새로운 일에 도전하면 실패와 성공을 경험할 수 있다. 당연히 성공하면 삶의 보람을 느낄 것이다. 만약 실패하더라도 도전하면서 배운 많은 지식과 경험이라는 자산을 갖게 된다.

당신의 과거 경험을 돌이켜보라. 지금까지 회사의 지시를 받으며 많은 일을 해왔다. 어떤 경우는 스스로 선택하고 과감하게 추진한 경험이 있을 것이다. 실패를 무릅쓰고 과감하게 도전할 때 불안은 사라지고 삶의 욕구가 생긴다. 비록 실패하더라도 도전 속에서 많은 지식과 경험을 배우며 또 다른 세계를 발견할 수 있다. 현재의 환경에서 벗어나 외부세계를 보려는 용기를 가져야

실례지만 나이가 어떻게 되시나요?

한다. 그러나 새로운 일에 도전하고 싶어도 안전기지가 없으면 도전욕구는 시들어버린다. 직장인에게 안전기지란 가족, 매월 안정된 소득과 자산, 오랫동안 익힌 지식과 기술, 지금까지의 업적 등일 것이다. 새로운 도전 욕구와 안전기지에 대한 신뢰가 균형을 이룰 때 새로운 도전을 결정한다.

많은 직장인에게는 매월 받는 급여와 비교적 안정된 고용이라는 안전기지가 있다. 이러한 안전기지를 발판 삼아 자신에게 숨겨진 도전정신을 확인해보라. 자신의 미래 모습을 그려보라. 거기에 도달할 목표를 설정하고 한 발씩 내디뎌보자.

## ● 지식의 재무장

대부분의 직장인은 자신이 보유한 지식과 스킬을 제대로 모른다. 회사 밖의 외부세계를 경험하지 못했기 때문이다. 현재 일하는 회사에서 다양한 업무 경험을 통해서 익힌 직무능력과 스킬은 풍부하다. 40대라면 10~15년 동안 직장에서 성과를 냈다. 그러나 업계의 지식과 현장 업무를 통해 배운 지식과 스킬을 객관적으로 점검한 적이 없다. 막연히 어떤 일을 해본 경험이 있다고 해서 지식과 스킬이 자동적으로 쌓이지 않는다.

회사는 특정부서에서 일한 경력과 인사고과, 평판 등으로 직원을 평가한다. 하지만 회사의 평가와 세상의 평가는 완전히 다르다. 회사에서 좋은 평가를 받은 직원이 외부에서도 높은 시장가

실례지만 나이가 어떻게 되시나요?

치를 인정받는 것은 아니다. 회사의 평가에만 의존하면서 자신의 시장가치나 능력을 점검하지 않는다. 회사의 평가에 연연한 나머지 성장이 정체된다.

10년 전에 마케팅 부서에서 일한 경력으로 현재의 직무지식이 충분하다고 말할 수 없다. 어느 업종에서도 10년 전의 지식과 스킬이 통하지 않는 시대다. 그렇다면 현재의 직무지식과 스킬이 회사 밖에서 통용되는지 확인해보아야 한다. 한물간 지식과 스킬은 도움이 되지 않기 때문에 시장가치가 떨어질 수밖에 없다.

강연회에서 시장가치를 평가해보라고 하면 자신 없는 사람이 많다. "나는 특별한 재능이 없는 평범한 사람입니다. 지금 하는 일밖에 할 수 없어요"라고 대답한다. 자신의 능력과 스킬을 평가해보지도 않고 쓸모없는 사람으로 단정해버린다. 어떤 직장인은 특별한 능력이 없기 때문에 회사에서 시키는 대로 일하겠다고 생각한다. 퇴직할 때까지 버티면 그다음은 어떻게든 되겠지라고 생각한다. 언젠가 닥칠 장래의 문제를 차단하고 진지하게 생각할 시간을 갖지 않는다.

긍정심리학에서 이러한 현상을 '경직 마인드 세트'라고 말한다. 실패가 두려워 도전하지 않고 확실한 노선을 따르는 사고방식이다. 반면에 '긍정 마인드 세트'는 일단 시도해보는 것 자체에 의미를 두는 긍정적인 사고방식이다.

지금과 같은 불확실성 시대에는 실패를 각오하고 도전하는 긍정적인 자세가 필요하다. 나의 미래는 아직 아무것도 정해진 것이 없기 때문에 일단 시도하고 수정해 나가야 한다. 과거의 성공 사례에 집착하는 경직된 마인드는 위기를 불러올 수 있다. 기술혁신으로 지식과 기술의 변화속도는 매우 빠르다. 새로운 것을 배우지 않으면 시대의 흐름을 따라가지 못하고 퇴보한다. 과거의 영광이나 프라이드를 고집하는 사람들은 새로운 변화에 잘 대처하지 못한다. 과거에서 벗어나는 방법은 적극적으로 미래를 그려보는 것이다. 앞으로 어떻게 살아갈지에 대한 시나리오를 그려보는 것에서부터 변화는 시작된다.

지식의 재무장은 변신자산의 핵심요소이다. 대학에서 배운 지식만으로 60세까지 일할 수 없는 시대다. 퇴직 후에도 계속 일하는 시대에 맞게 사회에서 통용되는 지식과 스킬을 갖춰야 한다. 회사일만 열심히 해도 세상에서 통용되는 지식이 갖춰질까? 절대 아니다. 결국 다시 배우는 수밖에 없다. 재학습이란 단순히 책을 많이 읽거나 세미나에 참석하고 인터넷 강의를 듣는 것이 아니다. 일하는 분야의 전문가로서 능력과 기술을 축적해나가야 한다. 지금까지 익힌 지식을 체계화하고 독자적인 가치를 만들기 위해 재교육을 받아야 한다.

직장인 중에서 지식을 재무장하기 위해 대학원을 선택한 사람이 있다. 필자는 2009년 직장생활을 하면서 KDI 국제정책대학원에 진학했다. 그 당시 파이낸셜 플래닝이라는 내 전문분야에서 지식을 체계적으로 쌓고 장기적인 커리어를 만들기 위한 목적이었다. 동기생 중에는 은행, 자산운용사, 증권사 등에 다니는 사람이 많았다. 그들은 상품개발, 투자운용, 투자분석 등의 분야에서 출중한 실력을 인정받고 활약하며, 각 회사에서 이미 전문가로 입지를 다진 사람들이었다. 그렇지만 그들은 현실에 안주하지 않고 자신들이 쌓아온 풍부한 업무 경험을 이론으로 체계화하고 정리하려는 지적 욕구가 강했다. 직장인으로서 새로운 지식을 배우려는 열정이 뜨거웠다. 대학 시절에도 그러한 열정을 가진 학생들을 보지 못했다. 필자에게도 대학원 진학은 내 삶의 새로운 도전이었고, 인생에서 반전의 기회가 되었다.

40대, 50대 누구라도 다시 배울 수 있다. 지금의 직장인은 80세까지 현역으로 일할 준비를 해야 한다. 평생 현역으로 사회에서 자기다운 가치를 실현하려면 지식을 재구축해야 한다. 대학원에 진학하는 직장인은 장래의 커리어를 생각하며 지식의 재무장을 시도하는 사람들이다. 지금의 회사 업무만으로 전문성과 독자적 가치를 결코 만들 수 없다는 위기의식을 갖고 있다. 안일하게 회사가 주는 업무에만 집중한다면 장래에는 그 일조차 빼앗길 수 있다. 직장인들은 이런 시대가 왔다는 사실을 뼈저리게 인식해야

돈보다 중요한 변신자산 만들기

한다. 대학원을 선택할 때 그 목적을 분명히 해야 한다. 대학원에서 배운 지식으로 장래에 어떤 커리어를 선택할지 가설을 세워야 한다. 대학원에는 매우 다양한 학과가 있다. 장래 커리어의 가설이 없다면 학습목표는 모호해진다. 목표 없는 배움은 귀중한 시간만 낭비하는 것이다. 현재 연령이나 상황에 맞게 커리어 목표를 정해두고, 그 목표를 실현하기 위한 전공이나 학습 과정을 선택하는 것이 좋다. 변신자산을 만들 수 있는 구체적인 지식과 스킬을 배워야 한다.

지식의 재무장과 마찬가지로 경험도 체계화해야 한다. 당연한 말이지만, 나이가 들수록 경험이 많아진다. 많은 직장인은 업무상 경험이 전부라고 생각한다. "당신은 20년 동안 무엇을 경험했는가?" 하고 물어보면 대부분 사람들은 회사의 직무 경험을 대답한다. 부문(부서) 간 이동 경험, 프로젝트 경험, 관리자 경험, 해외 근무 경험, 해고 및 전직 경험 등은 직장생활에서 겪는 대표적인 경험이다.

한편, 개인적인 사회활동이나 가족 문제도 중요한 인생의 경험이다. NPO 활동 경험, 종교상 특별한 활동, 지역커뮤니티 경험, 취미활동, 자녀 학교지원 활동, 투병 생활 경험 등 수많은 인생 경험이 있다. 이렇게 축적된 다양한 경험은 다음의 커리어에 어떻게 작용할지 모른다. 다양한 경험을 축적한 사람일수록 행동반경이 넓다. 경험을 넓히는 것은 세상에서 필요한 실천지식을 쌓는 것과 같다. 눈에 보이지 않고 설명하기 어려운 암묵지식은 오직 경험을 통해서만 얻을 수 있다. 풍부한 경험은 현장에서 즉시 생각하고 행동하기 위한 판단력을 높이는 데 도움이 된다. 풍부한 경험을 갖추면 그만큼 세상에서 필요한 실천지식으로 연결될 가능성이 높다.

경험이 실천지식으로 어떻게 연결되는지 구체적으로 살펴보자. 지식에는 언어로 표현되지 않지만 몸에 배어 있는 '암묵지'와 그 암묵지를 언어로 표현한 '형식지'라는 두 가지 종류가 있다. 사람은 다양한 경험(행동)을 하면 먼저 언어로 표현하기 어려운 지식(암묵지)이 만들어지고 머릿속에 새겨진다. 그리고 그 후 언어로 표현되면서 다른 지식과 연결된다. 암묵지와 형식지가 교환하면서 지식이 깊어진다. 따라서 지식을 늘리고 싶다면 경험(행동)한 것을 언어로 표현하는 능력을 기르고, 실천한 것을 생각하는 습관이 필요하다. 이 두 가지 습관을 몸에 익혀 두면 지식은 성장하고 깊어진다.

예를 들어, 불확실성 시대에 영업사원의 최대 무기는 상황에 맞는 영업지식이다. 정답이 하나만 있는 것이 아니다. 상황에 따른 영업지식을 두루 갖춰두어야 한다. 그러나 영업지식이 많다고 해서 성과를 내는 것은 아니다. 모르는 것이 있어도 자신의 지식

돈보다 중요한 변신자산 만들기

과 바로 연결하고 내면화하여 몸으로 체득할 때까지 확고한 지식으로 만들어가야 한다.

40대 이상의 직장인은 풍부한 회사 업무와 일상생활에서 수많은 경험을 갖고 있다. 과거의 풍부한 경험 속에 인생의 보석이 숨어 있을지도 모른다. 다른 사람이 보기에 하찮은 경험이 인생을 바꾼 사례가 많다. 경험을 차분히 들여다보고 내면화하는 작업이 필요하다. 이러한 작업은 자신의 브랜드와 콘텐츠를 발견하는 강력한 수단이 될 것이다.

실례지만 나이가 어떻게 되시나요?

# ● 평판

학창 시절의 평판은 성인 시절까지 간다. 동창모임에서 오랜만에 만난 친구의 이미지는 과거의 평판이 지배한다. 좋은 평판도 나쁜 평판도 평생 꼬리표처럼 나를 따라다닌다. 적극적으로 홍보한다고 해서 갑자기 평판이 좋아지지 않는다. 당신이 만난 수많은 사람들이 당신의 말과 행동을 통해 당신을 판단하고 평판을 결정한다. 스스로 자신의 평판을 만들 수는 없다.

기업도 마찬가지다. 대기업은 많은 광고비를 써서 소비자에게 좋은 이미지를 각인시키기 위해 노력한다. 소비자는 기업의 실적, 사회적 책임, 윤리성 등을 보고 기업의 이미지를 판단한다. 소비자의 평판에 따라 기업의 이미지가 결정된다. 그렇게 소비자의 머릿속에 깊이 뿌리박힌 기업 이미지는 쉽게 바뀌지 않는다. 50년 전에 형성된 삼성그룹과 현대그룹의 독특한 기업 이미지와 평판은 아직도 대중의 머릿속에 깊이 새겨져 있다.

평판이란 자산형성과 같이 장기적으로 축적되는 것이다. 평생에 걸쳐 조금씩 꾸준히 쌓아가는 것이다. 좋은 평판을 얻으려면 먼저 자신을 적극적으로 표현해야 한다. 그래서 신뢰를 얻은 후 좋은 관계를 유지하고 발전할 수 있도록 노력해야 한다. 자신의 장점과 특기를 효과적으로 보여주는 능력이 필요하다. 그리고 자신을 적극적으로 표현할 장소를 만들어 참석해야 한다. 회사의 동료모임, 외부 세미나 등에 적극적으로 참석해 명함을 교환해야 한다. 우리 주변에는 인터넷과 SNS를 활용한 수많은 활동 장소가 있다. 언제든지 마음만 먹으면 활용할 수 있다. 또한 좋은 평판을 얻으려면 기브앤테이크 자세가 필요하다. 먼저 상대방을 도와줄 때 관계가 시작되고 신뢰가 만들어 진다. 나만의 독자적인 콘텐츠도 평판을 형성하는데 중요한 요소이다.

40대와 50대의 직장인은 성공과 실패 경험을 풍부하게 갖고 있다. 회사에서 익힌 전문영역, 다양한 취미와 특기, 특별한 업무 경험 등 인생의 화제가 풍부하다. 이러한 자기 삶의 스토리를 정리해두면 나만의 고유한 브랜드를 발견할 수 있다. 삶의 스토리를 정리하면서, 현재의 위치를 확인하고 새로운 의미를 부여할 수 있다. 자신만의 독특한 인생 스토리를 찾고, 이를 소재로 독자적인 콘텐츠를 만들어 보자.

## ● 건강

 나이가 들면 점차 운동량이 줄어든다. 과다한 영양섭취, 과도한 음주 등의 생활습관병이 건강을 위협한다. 중년기가 되면 수면이 불규칙해지고, 규칙적인 생활패턴이 깨지며 집중력도 떨어진다. 40대가 되면 회사의 간부로서 업무에 대한 책임이 커진다. 업무 스트레스가 누적되거나 직장 내의 인간관계 문제 때문에 많은 사람이 정신적 고통을 호소하고 있다.

 신체적, 정신적 건강을 유지하는 것은 새로운 인생설계에서 매우 중요한 부분이다. 체력과 기력이 충분하면 호기심이 왕성해지고 신체적 활동량이 늘어난다. 새로운 일에 도전하거나 새로운 것을 배우려는 의욕도 커진다. 당연히 직장생활에서 활동량이 늘어나면 지적 자산, 사회 네트워크 등도 점차 확대된다. 그로 인해 삶의 활동영역과 가능성이 점점 확대되는 선순환 구조가 만들어진다. 이러한 삶의 선순환 구조를 만들려면 규칙적인 운동이 필요하다. 회사나 집 부근에 있는 휘트니스에서 규칙적인 운동을 통해 건강을 유지해야 한다. 40대부터 근섬유 기능이 약해지고 성장 호르몬이 감소하면서 근육량이 눈에 띄게 줄어들기 시작한다. 근육량이 줄어들면 각종 질병에 걸릴 확률이 커진다.

근력운동은 건강을 유지하는 효과적인 수단이다. 규칙적인 근력운동을 통해 근육량이 늘어나면 각종 질병에 대한 저항력이 향상되고 성인병을 예방하는 효과가 있다. 또한 규칙적인 근력운동을 통해 긍정적인 자세를 가질 수 있다. 신체의 근육량이 늘어나면 나이에 상관없이 더 젊고 건강하게 보이는 외모를 유지할 수 있다. 건강한 외모를 통해 자신감을 갖게 되고, 어떤 일에도 도전적인 자세를 가질 수 있다. 이것이 근력운동의 매력이다.

필자는 21살 때부터 근력운동을 해왔다. 군복무 시절에 근력운동을 통해 건강한 외모로 바꾸려는 욕구에서 시작했다. 그 후 근력운동 습관을 30년 동안 유지해왔다. 2015년에는 아마추어 보디빌딩 대회에 출전도 했다. 처음에는 건강한 외모를 위해 시작했지만, 25년 후에 보디빌딩은 나의 독자적인 브랜드가 되었다. 필자는 헬스장을 찾는 남녀노소 누구에게나 근력운동의 가치를 전파한다. 보디빌딩은 어쩌면 예술세계의 오페라와 같다. 삶의 다양한 가치를 실현하는 최고의 운동이다.

근력운동을 한다고 해서 근육이 바로 늘어나지 않는다. 사람의 운동량에 따라 다르겠지만 꾸준히 노력해야 근육이 생긴다. 단지 몇 개월 만에 근육이 바로 생기지 않는다. 인생의 노후자금과 같이 오랫동안 축적해야 한다. 그래서 근력운동은 평생 하는 생활습관으로 만드는 것이 좋다. 기왕 평생 하는 운동이라면 제대로 배우는 것이 좋다. 여유가 있는 사람은 개인 트레이너에게 처음부터 정확한 운동법을 배울 것을 권한다. 운동파트너와 함께 규칙적으로 강제적인 운동 환경을 만드는 것도 효과적인 방법이다. 건강한 신체를 유지하기 위해 시간과 비용을 할애하는 것은 길어진 인생에서 높은 투자가치를 지닌다.

또한 정신건강도 신체적 건강을 유지하는 것만큼 중요하다. 외국에서는 정신건강을 위해 멘털 코치나 명상전문가 등에게 카운슬링과 코칭을 받는 것이 일상화되었다. 명상도 스트레스를 줄이고 심리적 안정을 주는 효과적인 수단이다. 불안이 커지고 변화가 일상화된 사회에서 스트레스 관리는 장기적인 인생설계 전략에서 매우 중요한 요소다. 건강은 노후자산보다 중요한 인생자산이 되었다. 현역 시절에 최대한 투자할 가치가 있다.

# ● 인생 가치관

무슨 일을 할 것인지 선택하기 전에 자신에게 이렇게 물어보자. 앞으로 어떻게 살고 싶은가? 지금까지 오랫동안 축적한 능력과 기술을 활용해 무엇을 하고 싶은가? 어떻게 일하고 싶은가? 어떻게 살고 싶은지(인생설계)를 생각하면 어떤 일을 할 것인지(커리어 설계) 결정할 할 수 있다. 단순히 커리어 설계만으로는 장래의 명확한 방향을 결정하기 어렵다. 내가 하고 싶은 일이라고 해서 아무 일이나 선택할 수는 없다. 인생계획에 맞는 커리어를 생각해야 한다. 자녀의 교육과 결혼자금 지원이라는 책임도 고려해야 한다. 가족의 행복한 생활을 위해 언제까지, 얼마가 필요한지도 따져보아야 한다. 가족과 충분히 대화한 후에 커리어 방향

109

을 정할 필요가 있다

무엇을 하고 싶은지를 생각할 때 나도 모르게 마음속에 끌리는 것이 있다. 그 이유는 가치관이 작용하고 있기 때문이다. 자신의 가치관으로 볼 때 양보할 수 없는 것이 있다. 이것만은 꼭 이루고 싶은 것(꿈)이 있다. 사람마다 가치관이 다르다. 가치관은 오로지 자신의 것이다. 자신의 가치관에 따라 선택한 일은 절대 양보할 수 없는 신념에서 나온 것이다. 어떤 것보다 중요한 우선순위를 갖고 있다. 예를 들면 영업업무는 지겨울 정도로 오래 해왔기 때문에 다시 하고 싶지 않은 사람이 있다. 어떤 사람은 소득은 적더라도 취미처럼 즐길 수 있는 일을 하고 싶어 한다. 소득에 상관없이 근로시간이 짧고 편한 일을 좋아하는 사람도 있다. 젊은 후배들에게 자신의 기술과 지식을 전수해주고 싶은 사람도 있다. 삶의 보람, 즐거움, 흥미 등과 같은 가치 기준으로 판단할 때 절대 양보할 수 없고 인생에서 꼭 하고 싶은 일을 찾을 수 있다.

"내 능력으로는 이것밖에 할 수 없어"라고 섣불리 단정 짓고 내키지 않는 일을 선택하지 않도록 한다. 먹고 살기도 어려운데 아무 일이라도 얼른 선택하고 싶은 유혹이 있다. 물론 어느 정도 눈높이를 낮춰 현실적인 선택을 하는 것은 바람직하다. 하지만 자신의 커리어 목표를 과도하게 낮춰 전혀 원치 않는 분야의 일을 선택할 경우 나중에 후회하는 사람이 많다. 이런 사람은 또다

실례지만 나이가 어떻게 되시나요?

시 일을 그만두고 방황할 가능성이 크다. 차라리 처음부터 하고 싶은 일을 찾는 데 많은 시간을 투자했다면 시간을 낭비하지 않았을 것이다. 진정으로 원하지도 않고, 보람도 없는 일에 귀중한 인생을 낭비하지 않으려면 자신의 꿈에 집중해보자. 새로운 커리어를 찾을 때 자신을 분석하는 것이 유일한 해결책이다.

자신을 분석할 때 '할 수 있는 일'과 '하고 싶은 일'이 겹치는 부분이 있을 수 있다. 그렇다면 그 부분은 자신이 하고 싶고, 잘할 수 있는 분야이기도 하다. 그렇기 때문에 그 분야를 선택해도 절대 후회할 일이 없을 것이다. 내가 선택한 일을 하려면 어떤 능력이 필요한지 파악해야 한다. 자격증 취득, 새로운 능력 개발 등 퇴직 전까지 구체적인 도전목표를 정한다. 중장년층은 풍부한 업무 경험을 능력으로 착각하는 경향이 있다. 업무 경험이 많다고 해서 능력이 높은 아니다. 지금도 자신이 가지고 있고, 언제든지 충분히 발휘할 수 있는 지식과 기술만이 진정한 능력이다.

자기분석을 통해 나온 자신의 진짜 모습이 장래의 커리어 방향의 핵심이다. 전문가들은 이러한 핵심을 커리어 앵커career anchor라고 말한다. 커리어는 인생에서 일과 관련된 부분이다. 앵커란 배의 닻이다. 배가 표류하지 않도록 하려면 닻을 확실히 내려야 한다. 다시 말해 인생에서 표류하지 않으려면 마음속에 닻을 가져야 한다.

돈보다 중요한 변신자산 만들기

퇴직 후 커리어 방향은 누구도 정해주지 않는다. 지시하고 관리해줄 사람도 없다. 커리어 방향을 정하는 것은 오로지 자신뿐이다. 커리어 목표도 사람마다 다르다. 자신의 가치관에 따라 하고 싶은 일이나 좋아하는 일을 찾고 커리어 방향을 결정해야 후회하지 않는다.

**4장**

**내 안에 작은 상자에서 탈출하는 법**

과거의 풍부한 경험 속에 인생의 보석이 숨어 있는지도 모른다. 다른 사람이 보기에 하찮은 경험이 인생을 바꾼 사례가 많다. 경험을 차분히 들여다보고 내면화하는 작업이 필요하다. 이러한 작업은 자신의 브랜드와 콘텐츠를 발견하는 강력한 수단이 될 것이다.

## ● 변화와 우연성

성장시대에는 명확한 목표를 세우고, 그 목표를 달성하기 위해 열심히 일했다. 그러나 불확실한 시대에는 목표대로 잘되지 않는다. 천문학적인 예산을 투입해 추진한 국가 프로젝트가 사회에 도움이 되지 않는 경우도 있다. 또한 과정도 그리 평탄하지 않다. 공사 도중에 예상할 수 없는 굽은 길이 나타나고 낙석이 떨어져 사고가 일어난다. 공사 기간 내내 예측할 수 없는 문제가 생긴다.

예측할 수 없는 시대를 살아가려면 목적지를 상상해야 한다. 또한 목적지까지 도달하는 과정에서 예상하지 못한 문제들이 닥칠 수 있다는 전제로 신중하게 고려해 계획을 세워야 한다. 장기적인 사업계획은 변화가 너무 빨라 목표대로 이루어지지 않는다.

내 안에 작은 상자에서 탈출하는 법

기술과 시장, 고객니즈 등이 시시각각 변하기 때문이다.

인생설계도 마찬가지다. 많은 직장인은 '이쯤이면 승진할 수 있겠지'라고 나름대로 예상한 시기에 승진하지 못하는 경우가 대부분이다. 또 경영환경 변화로 갑자기 퇴직해야 하는 상황이 자주 일어난다. 일하는 기간은 길어졌지만 회사의 수명은 짧아지고 있다. 근무하고 있는 회사의 변화에 유연하게 대처할 수 있는 인생설계가 필요하다. 경영변화를 수용하며 기회와 가능성을 열어가는 자세를 가져야 한다.

### 인생계획은 논리적으로 진행되지 않는다

디자인design이라는 말은 문제를 해결한다는 의미가 있다. 디자인은 만들면서 생각하고, 생각하면서 만들어나가는 반복적인 작업이다. 계획을 세우기보다 무엇을 하나씩 그려보고 만들어 내는 작업이다. 외형적 아름다움을 추구하지만 기능성도 겸비해야 한다. 디자인 작업과 같이 진정한 계획이란 계속 행동하고 문제를 해결하면서 앞으로 나아가는 것이다. 계획을 세우는 것 자체가 의미 있는 일이지만, 계획에 지나치게 구속되면 문제를 해결해나가기 어렵다.

디자인 사고의 실천으로 유명한 'IDEO'라는 회사가 있다. 애플과 마이크로소프트사를 주고객으로 하는 세계적인 컨설팅회

실례지만 나이가 어떻게 되시나요?

사이다. 이 회사는 문제를 해결하기 위해 7가지 디자인 사고기법을 활용하고 있다.

① 판단과 비판은 뒤로 미룬다.

② 돌발적인 아이디어를 환영한다.

③ 타인의 아이디어에 편승한다.

④ 지금 대화 주제에만 집중한다.

⑤ 한 번에 한 사람만 발언한다.

⑥ 비주얼화해 본다.

⑦ 질보다 양을 추구한다.

이 회사는 이러한 브레인스토밍이라는 수평적 사고법을 활용해 대담한 발상과 창의적인 문제해결 방안을 찾아내고 있다. 우리의 인생설계로 바꾸어 생각하면 승진 시기와 퇴직 시기를 정하고, 그 일정에 맞게 세운 논리적인 계획이 아니다. 다양한 선택지를 생각해보고 가슴이 뛰는 것을 먼저 선택하고 계획하는 사고방식이다.

논리적 사고만으로 좋은 아이디어가 나오지 않는다. 인생설계도 논리적 사고만으로 세우게 된다면, 모두의 예상을 벗어나지 않는 뻔한 계획밖에 나오지 않는다. 하지만 언제, 어디서든 예측할 수 없는 상황이 생긴다. 그렇지만 좌절할 필요는 없다. 변화에 집중하고 목표지점을 계속 응시하다 보면 전혀 기대하지 않았던 기회가 생길 수 있다. 마치 믿음과 열정만으로 항해를 떠났던 콜럼버스가 처음 목적지였던 인도가 아닌 아메리카 대륙을 발견한 것처럼 말이다.

## 인생에 우연성을 생각하라

빌헬름 뢴트겐 박사는 X선의 발견으로 제1회 노벨물리학상을 받았다. 기체의 방전현상을 연구할 때 바륨을 바른 마분지가 발광하는 현상을 알아보다 우연히 X선을 발견하였다. 뢴트겐은 X선을 통해 자기 손뼈가 투과되어 비치는 것을 보고 자신이 미쳐 환각 상태에 빠진 것으로 생각했다. 이렇게 많은 발명품은 실제로 우연한 계기로 발견되었다. 우리는 길을 걷거나 먼 산을 바라볼 때, 친구와 대화를 나누고 있을 때 갑자기 번뜩이는 아이디어가 떠오르는 경험을 하곤 한다.

세렌디피티serendipity라는 말은 '뜻밖의 발견'이라는 말이다. 고대 스리랑카의 이야기에서 유래하였다. 스리랑카의 3명의 왕자는 여행에서 많은 고난을 겪지만, 그 고난 속에서 뜻밖의 행운을 만나고 성장하면서 여행을 마친다는 스토리다. 이 이야기에서 우연히 어떤 것을 발견하는 능력을 세렌디피티라고 하였다. 그러나 왕자들은 행운을 우연히 만나지 않았다. 왕자들은 찾고 있는 것을 발견한 것이 아니었다. 찾다 보니 지금까지 없었던 새로운 것을 발견하였다. 즉 행동하지 않으면 우연은 일어나지 않고, 일어난 사건을 어떻게 포착하고 대응하느냐에 따라 미래가 크게 달라진다는 교훈을 주고 있다.

우리는 먼저 완벽한 계획을 맹신하지 않아야 한다. 인생에서 우연성을 전제로 한 행동전략이 필요하다. 스탠퍼드대학의 크롬볼츠 교수는 커리어 형성을 연구하면서 '계획된 우연성 이론'을 주장하였다. 계획된 우연성이란 개인 커리어의 80%는 예상치 못한 우발적 요인으로 결정된다는 이론이다. 이러한 우연을 계획적으로 설계하고 자신의 커리어를 보다 유리한 방향으로 만들어가는 사고방식이다. 크롬볼츠 교수는 우연성이 다음과 같은 5가지 특성을 가진 사람에게 일어나기 쉽다고 하였다.

① 새로운 성장 기회를 찾는다. (호기심)

② 실패에 굴복하지 않고 계속 시도한다. (지속성)

③ 자세와 상황을 항상 바꾼다. (유연성)

④ 기회는 반드시 오고, 그 기회를 자신의 것으로 만든다. (낙관성)

⑤ 결과를 알 수 없어도 행동한다. (모험심)

내 안에 작은 상자에서 탈출하는 법

인간의 흥미, 가치관, 상황 등은 끊임없이 바뀐다. 언제든, 어떤 상황이든 열린 자세를 갖고 행동하면서 현재의 모습을 타파해 나가야 한다는 의미다. 장래 커리어를 스스로 개척하는 사람들은 이런 5가지 소질을 갖고 행동하는 사람들이다. 그렇기 때문에 계획에 너무 많은 시간을 투자하지 않아야 한다. 계획을 그대로 실행하기보다 우연히 일어난 사건을 포착하는 자세를 가져야 한다. 호기심을 통해 다음 단계로 이어지는 단서를 찾고 유연하게 대응하는 자세도 필요하다. 불확실성 시대에 이러한 커리어 설계방식은 더욱 가치를 발휘하고 있다.

현재 IT업계에서 어자일(Agile, 날렵함)형의 설계기법이 주류다. 계획에 많은 시간을 투자하지 않고 대충 제작품을 완성한다. 미완성품이라도 핵심적인 요소를 갖춘 베타판을 먼저 출시한다. 그런 후에 사용자와 고객의 의견을 청취하면서 조정해 가는 방식이다. 즉 처음부터 제품의 가변성을 설계에 포함하고 있다. 100세 시대의 커리어 설계도 어자일형이 될 것이다. 급속한 변화 속에서 10년간 고정된 커리어보다 우연과 경험을 통해 계속 바꾸어나가는 커리어 설계로 바뀔 것이다.

어자일과 유사한 개념으로 린 스타트업lean startup이라는 말이 있다. 제품을 빨리 만들고, 성과를 측정하고, 다음 제품을 만들 때 개선점을 반영해 성공확률을 높이는 경영을 말한다. 일단 만들고, 측정하고, 학습하는 과정을 반복하면서 끊임없이 제품을 혁신하는 방식이다. 미국의 실리콘 밸리의 벤처사업자 에릭 리스가 도요타 자동차의 린 제조 방식을 모방해 만들었다. 린 스타트업 방식은 무엇을 만들 수 있느냐는 근시안적 목표가 아니다. 무엇을 만들고, 어떻게 사회에 제공할 것인가라는 근원적인 비전을 추구한다. 린 스타트업에서 진정한 실패란 기술적 결함이 아니라 사람들이 원하지 않는 것, 사회적 의미와 가치가 없는 것을 만드는 것이다. 이러한 어자일과 린 스타트업이라는 사고는 커리어 설계에도 적용할 수 있다. 자신이 무엇을 할 수 있는지에 너무 얽매이면, 무엇을 할 수 있을 때를 놓치고 만다. 즉 어떤 일도 시작할 수 없다. 먼저 시도해보는 것이 중요하다. 시도한 후에 주변의 의견을 듣고 자신에게 적합한지 판단하면 된다.

불확실성 시대에 커리어는 예상치 못한 방향으로 흘러갈 수 있다. 성공과 실패의 차이는 하고자 하는 일을 얼마나 빨리 시도하느냐에 달려 있다. 린 스타트업과 같이 가능한 한 빨리 행동하고 작은 실패를 해보는 것도 나쁘지 않다. 실패 후에 개선하면서 변화와 우연성을 받아들이면 된다. 인생을 설계하려면 준비를 늦게 할수록 불리하다는 사실을 인식해야 한다.

내 안에 작은 상자에서 탈출하는 법

## ● 평생직장은 없다

필자는 퇴직한 중장년층을 만날 때마다 실례를 무릅쓰고 장래의 계획을 물어본다. 장래에 무엇을 하고 싶은지 자신 있게 대답하는 퇴직자들은 매우 적다. 대다수가 "우선 쉬고 나서 생각하겠다"고 말한다. 몇 개월이 지나도 똑같이 대답한다. 현재 퇴직자들은 입사할 때 회사를 평생직장이라고 생각했다. 한 직장에 인생을 맡기고 오랫동안 일할 수 있었다. 충분한 퇴직금을 받고 유유자적한 생활을 즐기는 인생 시나리오를 그릴 수 있었다. 그러나세상은 바뀌었다. 평생직장은 옛말이 되었다. 저성장 시대에 들어서며 기업의 수명이 단축되고 있다. 일할 수 있는 기간은 늘어났지만 회사에서 오래 일하기도 어렵다. 매년 늘어나는 퇴직자의

실례지만 나이가 어떻게 되시나요?

재취업 일자리는 턱없이 부족하다.

재취업 문이 좁기 때문에 퇴직이 두렵기만 하다. 현재 직장에서 정년까지 버틸 수 있을지도 의문이다. 그렇다고 장래에 뚜렷한 커리어 비전도 없다. 현재 근무하는 조직이 나쁘지는 않지만 언젠가는 떠나야 한다는 것을 알고 있다. 길어진 직업인생을 생각하면 지금부터라도 새로운 준비를 해야 한다. 퇴직 후 미래에 대한 막연한 불안을 씻는 최선의 방법은 구체적으로 무엇을 할지 준비하는 것이다. 불안하고 조급한 마음에서 벗어나 자신을 돌아보고 미래를 응시할 필요가 있다.

고베대학 교수 카나 이토시 히로金井壽宏는 인생전환 시점에서 커리어 설계의 중요성을 이렇게 말한다.

"사람은 스스로 장래 커리어를 생각해야 한다. 기업은 직원의 커리어, 취업능력 향상을 지원할 필요가 있다. 이것은 기업이 근로자의 안정을 보장할 수 없다는 것을 의미한다. 취업 전후와 중년기에 자발적으로 커리어를 설계하는 것이 중요하다. 자신의 인생을 역산하고, 인생의 정오에 진정으로 하고 싶은 것을 적극적으로 시작하는 것이 중요하다."

새로운 커리어 설계는 먼저 자신에 대한 삶의 가능성을 인식하면서 시작된다. 또한 제2인생이라는 새로운 시기가 존재한다는 것도 인식해야 한다. 그래야 인생 이모작을 위해 무엇인가를 찾기 시작한다. 현역 시절의 능력과 기술, 경험, 기호 등을 점검하고 자신을 되돌아본다. 또한 장래에 하고 싶은 것과 할 수 있는 것을 찾기 시작한다.

최근 서울시 50플러스재단과 전직지원 회사는 중장년층의 세컨드 커리어를 지원하고 있다. 다양한 인생설계 프로그램이 마련되어있고, 전문가에게 상담도 받을 수 있다. 공무원과 대기업 직원을 중심으로 40세, 50세, 55세 시점에 세컨드 커리어를 지원하는 생애설계 교육도 늘어나고 있다. 이러한 생애설계 교육은 삶의 가능성에 대한 인식과 성찰을 돕는 프로그램이다. 일본에서는 인재개발과 직원의 복지증진 차원에서 세컨드 커리어 교육이 활성화되어 있다. 우리나라도 재취업 알선, 직업교육 등 세컨드 커리어를 지원하는 인프라가 예전보다 체계화되었다. 그러나 매년 대량으로 퇴직하는 중장년층의 다양한 삶의 욕구를 충족하기에는 매우 부족한 것이 현실이다. 중장년층의 세컨드 커리어 설계에 대한 인식 수준도 낮다. 현실적인 생계유지에 매달려 장래를 설계할 여유가 없는 사람이 많기 때문이다.

누구나 언젠가는 퇴직한다. 그때를 대비해 하고 싶은 것, 의미가 있다고 느끼는 것을 찾아둘 필요가 있다. 지금부터 미리 탐색

실례지만 나이가 어떻게 되시나요?

해 두어야 한다. 새로운 커리어를 염두에 두고 있다면 회사에 얽매인 사고에서 벗어나야 한다. 지금 근무하는 회사는 인생의 일부일 뿐이라는 발상이 필요하다. 그러면 회사의 평가 기준이 아니라 세상의 평가 기준으로 모든 일을 생각하게 된다. 자신의 시장가치가 떨어진다고 판단하면 스스로 새로운 기술과 능력을 배울 것이다. 머지않아 회사를 떠난다고 생각하면 장래의 커리어 설계에 필요한 다양한 정보를 수집할 것이다. 커리어 정보를 찾는 과정에서 우연한 기회를 만날 수도 있다. 다시 강조하지만, 우연을 기다리는 것이 아니라 의도적으로 발생하도록 적극적으로 행동해야 한다. 자신의 주변에서 일어나는 사건을 세밀하게 관찰하고 활용해 보자.

## ● 회사에 맡겨둔 인생

"커리어 설계가 무슨 의미인지 알고 있는가?" 은퇴설계 세미나에서 퇴직을 앞둔 사람들에게 물어본다. "들어 본 적이 있지만 정확히 모르겠어요. 재취업 교육이 아닌가요?" 하고 대답한다. 중장년층은 커리어 설계를 단순히 재취업 교육으로만 생각하는 경향이 있다. 40대 후반과 50대 세대는 지금까지 개인의 커리어를 회사의 인사부가 결정한다고 생각했다. '열심히 일하면 회사가 잘해주겠지'라고 은근히 회사를 믿었다. 이처럼 스스로 자신의 장래 커리어를 진지하게 생각해 대책을 세우고 실천하는 사람은 매우 적다. 왜 많은 사람이 중요한 커리어를 진지하게 생각하지 않을까? 평생직장 시대에 회사에 인생을 맡겨둔 채 직장생활

실례지만 나이가 어떻게 되시나요?

을 했기 때문이다. 평생직장 시대에는 기업과 개인이 이른바 주종(主從)의 관계였다. 일단 회사가 채용한 직원은 계속 안고 가는 것이 회사의 역할이었다. 회사에서 시키는 대로 열심히 일만 하면 안정된 직장이 보장되었다. 그리고 나이가 들면 승진되고 급여는 계속 올라갔다. 이러한 근속연수에 따라 임금이 상승하는 연공형 평생직장에서 직원들은 회사에 얽매일 수밖에 없었다.

경제가 성장하는 시대에는 회사의 실적도 좋았다. 회사에 인생을 맡겨두어도 아무런 문제가 되지 않았다. 그러나 이제 그런 시대는 지났다. 기업은 직원의 인생을 책임지기 어려운 환경이 되었다. 기업들은 글로벌 환경에서 생존경쟁을 벌이느라 경영 여력이 부족하다. 직원을 포용하고 돌봐주는 주종의 관계는 붕괴할 수밖에 없는 상황이다. 기업은 아르바이트, 계약직 등 비정규직을 늘리면서 유동적인 인재활용 정책을 채택하고 있다. 높은 실적을 내는 직원을 대우하는 성과주의 인사제도를 받아들였다. 이와 같이 기업이 직원의 인생을 돌보는 것은 옛말이 되었다.

직원의 의식과 가치관도 바뀌었다. 지금 젊은 세대는 회사 또는 상사의 일방적인 명령과 지시에 거부감을 가진다. 또한 이들은 회사의 틀에 얽매이지 않고 자유로움과 자기책임을 중시하는 생활방식을 선호한다. 가능한 한 회사에서 벗어나 자신만의 인생을 추구하고 싶어 한다. 자신이 원하는 가치 있는 인생을 살고 싶

내 안에 작은 상자에서 탈출하는 법

어 한다. 최대한 자기다움을 살려 사회에 도움이 되고 싶어 한다.

이러한 경영환경에서 글로벌 선진기업은 기존의 인사전략을 수정했다. 회사가 주도하는 전통적인 인사관리 방식으로는 생존하기 어렵기 때문이다. 치열한 기업경쟁에서 이기려면 자율적이고 경쟁력 있는 인재가 필요하다. 어떤 환경에서든 스스로 생각하는 자율적인 직원이 유연하고 민첩하게 행동할 수 있다. 이러한 조직문화를 만들기 위해 직원이 회사에 의존하는 회사 주도의 인사관리 시스템을 탈피할 필요성이 제기되었다. 그래서 직원 한 사람 한 사람이 자율적으로 커리어를 만들어나가는 자기책임형 인사관리 시스템으로 바꾸어 가고 있다.

어떤 회사가 강한 회사인가? 경쟁력이 있는 인재가 모여들고, 인재가 떠나지 않는 회사이다. 치열한 경쟁환경에서 인력의 질이 회사의 경쟁력에 미치는 영향력은 더욱 커지고 있다. 경쟁력 있는 인재를 데려오고 유지하는 것이 회사의 운명을 좌우하기 때문이다. 경쟁력 있는 인재는 회사와의 관계에서 일방적이고 열등한 위치에 있지 않고, 대등하거나 우위에 있다. 그들은 독립적이고 자율적인 존재다. 직원이 자율적인 존재이기 때문에 회사는 한 사람 한 사람에게 스스로 경쟁력을 높이도록 요구할 수 있다. 회사는 그러한 인재에게 도전적인 업무를 주고 적극적으로 지원해야 한다. 그러면 결국 그들은 성과를 내고 회사의 실적에 크게 공헌한다. 하지만 경쟁력이 있는 직원은 전직 가능성이 높다. 자연스러운 현상이다. 유능한 직원이 회사에 남게 되면 더 성장할 수 있다고 느끼도록 하는 것이 가장 좋은 해결책이다. 유능한 직원을 계속 잡으려고 높은 연봉을 제시하는 회사도 있다. 그것은 본질적인 해결책이 아니다. 유능한 직원들은 지금 당장의 연봉보다 자신의 미래가치를 높일 수 있는 것에 회사가 적극 투자해 주길 희망한다. 결국 회사는 직원 스스로 커리어를 만들도록 지원하는 것이 유능한 직원을 유지하는 대책이다.

직원들도 생각을 바꾸어야 한다. 회사에 의지하거나 종속하는 사고에서 탈피해야 한다. 퇴직 후에 독립한 존재가 되는 것이 아니라, 퇴직 전부터 이미 독립된 존재로 장래에 할 일을 생각해두어야 한다. 그리고 스스로 능력을 개발하고 커리어를 설계해 나가야 한다. 회사에 맡겨둔 인생이 아니라 스스로 주도해 나가야 한다. 오래 일하면 누구나 어느 정도 승진하고, 직장에서 안정된 급여를 받던 시대는 이미 끝났다. 아직도 한 회사에 헌신적으로 일하면 회사가 내 인생을 보장해줄 것이라는 환상을 갖는 사람이 많다. 현실을 알고 나면 그런 생각을 당장 버릴 것이다. 현재 대기업에서 과장 이상의 직급으로 승진하기는 쉽지 않다. 오로지 회사에만 의존하다 아무런 준비도 없이 방황하는 수많은 퇴직자를 보라. 회사에 맡겨둔 인생이 얼마나 위험한지 바로 알 것이다.

　　　　　　　　　　　　　　내 안에 작은 상자에서 탈출하는 법

연공서열이 폐지되면 학력, 나이, 성별 등과 관계없이 지금 무엇을 할 수 있는지가 더욱 중요해진다. 어떤 능력과 기술을 배울 것인지 생각하면서 비전을 갖고 자신의 커리어를 설계해 나가는 사람이 생존력이 향상될 것이다. 우리 인생은 커리어 자체이다. 결코 분리해서 생각할 수 없다. 누구나 자신이 희망하는 가치 있는 인생을 살고 싶어 한다. 자기다움을 살려 사회에 도움이 되고 싶어 한다. 그것을 생애에 걸쳐 실현해가는 프로세스가 커리어다. 이를 실현하려면 끊임없이 자신의 커리어를 생각하고 미리 준비해야 한다. 그래야 인생의 어떤 위기상황에서도 바로 일어설 수 있다.

# ● 직업이라는 내 안의 작은 상자

　언론에 중장년층의 고용절벽 문제가 집중적으로 보도되고 있다. 중장년층의 취업난은 어제오늘의 문제가 아니다. 최근에는 청년층의 실업문제가 부각되면서 중장년층의 재취업 문제에 대한 사회적 관심이 낮아진 경향이 있다.

　중장년층의 재취업난은 경험해보지 않으면 그 어려운 실상을 모른다. 중장년 인재를 찾는 회사도 드물지만, 채용기업이 있다고 해도 수십 대 일의 경쟁률을 뚫어야 한다. 발품을 팔아 구직활동은 해보지만 면접조차 보기 어렵다. 취업알선 전문가들은 구직난 시대에 적어도 하루 16시간을 구직활동에 몰두하라고 조언한다. 열심히 구직활동을 하다 보면 우연한 기회를 마주칠 확률이

　　　　　　　　　　　내 안에 작은 상자에서 탈출하는 법

높아진다는 것이다. 그러나 중장년 채용상황을 보면 단순히 열심히 발로 뛴다고 해서 기회가 보장되지 않는다. 소중한 시간을 투자해 노력한 만큼 성과를 기대하기 어렵다. 시간이 지날수록 좌절감은 커지고, 패배감에 사로잡히기 쉽다. 새로운 삶의 기회를 생각할 여유조차 갖지 못한다.

이러한 취업의 강박관념에서 벗어날 필요가 있다. 취업에 대한 관점을 넓히면 지금의 상황이 완전히 다르게 보인다. 취업은 어디까지나 '나에게 맞는 직업'을 찾는 것이다. 이미 이 세상에 존재하는 직업 중에서 나에게 맞는 일을 선택하는 것이다.

적직(適職)이라는 말이 있다. 자신을 기존의 직업에 맞춘다는 말이다. 좋아하거나 잘하는 일을 선택하는 것이다. 그러나 막상 취업 활동을 하다 보면 자신에게 맞는 일을 좀처럼 찾기 어렵다고 말한다. 생각해보면 당연한 일이다. 현재 세상에 존재하는 직업은 최초로 만든 사람의 주관된 생각과 능력을 기반으로, 시대 상황과 맞물려 탄생한 것이다. 앞서 말한 직업의 특성에 자신의 상황을 100% 맞추려고 하는 것은 이른바 체형이 다른 사람을 위해 맞춰진 옷을 무리하게 입는 것과 같다.

우리들은 현재 존재하는 직업이라는 작은 상자에 갇혀 있는지도 모른다. 우리는 하나의 직업보다 훨씬 큰 가능성을 가지고 있다. 현재 존재하는 직업이라는 상자에 무리하게 자신을 맞추려고 할 때 정작 자신의 소중한 꿈은 점점 사라진다. 이것을 방지하려면 나에게 맞는 주문형 상자를 스스로 만드는 것이다. 주문형 상자를 만드는 작업은 자신을 올바로 파악하면서 시작된다. 자신의 진정한 꿈과 열망을 생각해보는 것이다. 내가 가진 능력과 재능, 기술 등을 탐색하는 작업도 필요하다. 이러한 자기탐색 과정을 통해 삶의 가능성과 선택의 폭을 넓힐 수 있다. 주문형 상자를 만드는 작업은 길고 고독한 시간이 될지도 모른다. 하지만 무작정 수 십 대 일의 채용 경쟁에 뛰어들어 헛된 시간을 보내며 좌절하는 것보다 훨씬 가치 있는 일이다. 나의 진정한 삶의 보석을 찾는 과정이기 때문이다.

2014년 말 우리나라 직업사전에는 11,440개의 직업이 있다. 일본에는 2만 개가 있고, 미국의 직업 수는 무려 3만 개가 있다. 그중 대부분의 직업이 최근 50년간 만들어졌다. 현재 일반화된 컴퓨터 프로그래머와 시스템 엔지니어 등도 50년 전에 존재하지 않았던 직업이다. 직업이 탄생하고 나서 수십 년이 지난 후에 일반인들에게 알려진 것이다. AI에 의한 자동화로 많은 직업이 빠르게 사라지면서 동시에 새로운 직업이 탄생하고 있다.

2016년 세계경제포럼의 보고서에 따르면, 현재 초등학교에 들어가는 사람의 약 65%는 아직 세상에 없는 직업에 종사할 것으로 내다봤다. 어쩌면 당신이 만든 새로운 직업이 50년 후에는

내 안에 작은 상자에서 탈출하는 법

일반적인 직업으로 널리 알려질 가능성이 있다. 직업이라는 작은 상자 안에서 벗어나면 당신의 인생은 달라질 것이다.

## ● 커리어 플래토의 경고

"차장으로 승진한 지 10년이 되었어요. 영업 현장에서 높은 성과를 낼 때마다 직장을 다니는 보람이 컸습니다. 그 후 본사의 인사부로 이동하여 열심히 일하면서 매년 인사시즌만 되면 은근히 승진을 기대했죠. 그러나 이제 이 회사에서 승진하고 급여가 올라가는 것을 포기했어요. 내년부터 임금피크제가 적용되는 나이가 됩니다. 이젠 급여도 줄어든다고 생각하니 회사를 다닐 의욕이 전혀 나지 않아요."

S기업에서 근무하는 조명호 씨의 말이다. 조명호 씨의 심리상태를 전문용어로 '커리어 플래토' career plateau라고 말한다. 커리어 플래토란 직장인에게 찾아오는 정체 상태를 말한다. 회사에서

135                                                    내 안에 작은 상자에서 탈출하는 법

어느 정도 커리어를 쌓은 40대 이상 관리자들이 그 이상 승진을 기대할 수 없을 때 느끼는 일종의 마음의 정년 상태와 같다. 40대가 되면 커리어 플래토에 빠진 중간관리자가 많다. 40대가 되면 자신의 능력과 보직의 한계가 보인다. 조직의 피라미드 꼭대기에 올라가는 길이 얼마나 험하고, 그 길에 누가 있고, 누가 없을지도 대략 짐작한다. 과장과 부장으로서 많은 실적을 쌓았지만 그 이상 승진과 승격을 바랄 수 없다. 경영실적이 한계에 도달하고 성장세를 멈춘 회사가 많다. 신규사업이 적다 보니 보직도 더 이상 늘어나지 않고 있다. 회사마다 중장년 인력이 대폭 늘어나고 있지만, 차장과 부장 자리는 한정되어 있어 모두가 관리자로 승진할 수 없다.

이처럼 자의든 타의든 승진목표에 도달했다고 느끼게 되면 대부분의 사람은 의욕을 잃는다. 자신의 승진 가능성이 더 이상 없다고 생각하면 이전처럼 활기차게 일할 수 없다. 이대로 희망 없이 똑같은 일을 정년까지 계속 해야 한다는 불안감에 낙담한 상태로 계속 근무할 가능성이 크다. 입사 후에는 새로운 업무에 도전하고 배우며 성장했다. 상사에게 꾸지람을 들으면서도 능력이 오르는 것을 느낄 수 있어서 뿌듯했다. 40대부터는 업무능력이 정체되고 새로운 도전목표는 달성할 수 없을 것 같다는 생각이 많아진다. 자신감이 떨어지고 자신의 성장목표를 잃어버린다. 회사의 커리어는 그 시점에서 멈추고, 더 이상 오를 곳이 없는 커리어 고원에 도달한다. 어쩔 수 없이 능력도 하락세에 접어든다. 이처럼 인간의 능력과 열정은 한계가 있다. 어느 시점에서 자신의 능력에 만족해버린다. 능력의 한계를 느끼면 의욕도 떨어질 수밖에 없다. 그렇게 되면 커리어 플래토에 빠진다. 개인의 문제로 방치할 경우에는 조직 자체도 정체되기 쉽다. 조직은 직원의 커리어 의식을 잃지 않도록 대책을 세워야 한다.

무엇보다 관리직이 되지 못해도 보람과 자긍심을 느낄 수 있는 장치가 필요하다. 승진을 대신할 동기부여 수단이 필요하다. 60세 정년까지는 계속 일할 수 있는 시대다. 회사는 승진을 전제로 하지 않아도 길어진 직장생활에서 활기차게 일할 수 있도록 독려하는 것이 중요한 과제다. 경영학적 관점에서도 직원들이 커리어 목표와 발달 욕구를 가지고 업무를 추진하게 하는 것이 가장 이상적이다. 그러나 커리어 플래토 상태에 빠진 관리자에게 적극적인 업무자세를 기대할 수 없다. 조직 관점에서 보면 직원들의 업무 생산성이 떨어진다면 새로운 대책이 필요할 수밖에 없다.

커리어 플래토 현상은 체념에 지배된 정신상태이다. 이제 더이상 승진은 바랄 수도 없고, 새로운 분야에 도전하거나 능력을 개발하기에는 너무 늦었다고 생각한다. 이러한 심리상태에 빠져 정체되어 있으면 장래의 커리어를 찾을 생각도 하지 못한다. 마

내 안에 작은 상자에서 탈출하는 법

음 놓고 일하고 싶은 부서도 없고 직장인으로서 정체성마저 상실하면서 벽에 부딪힌다. 이렇게 꽉 막힌 상태를 타개하려고 안이하게 전직을 생각하는 사람도 적지 않다. 그러나 많은 관리자들은 "나는 아직 직장에서 뭐든지 잘 해낼 수 있다"고 생각하며 과거의 역할에서 벗어나지 못하고 있다.

회사의 대책도 중요하지만 결국 관리자 자신의 문제이다. 개인도 커리어 플래토 상태에 빠질 때를 대비해 대책을 세워야 한다. 예를 들면 확실한 직무능력이 있다고 생각하면 회사의 다른 업무에 적극적으로 도전해보는 것이 좋다. 일시적으로 급여가 내려갈지도 모르지만 새로운 도전을 통해 보람을 얻고 성장할 수 있는 계기가 된다. 퇴직 후의 커리어로 연결할 수 있다면 더욱 바람직하다. 현재 회사에서는 활약할 곳이 없다고 생각하는 관리자도 늘어나고 있다. 이런 관리자는 회사 이외의 장소에서 능력을 발휘하는 것도 좋다.

발달심리학자 에릭 에릭슨은 ≪유아기와 사회≫라는 저서에서 인간의 발달 사이클을 8단계로 나누어 제시했다. 인간은 각 단계에서 성취할 발달과제가 있다고 했다. 인생단계마다 과제를 성취한다면 계속 성장하고, 사회에서 역할과 정체성을 가질 수 있다고 했다. 에릭슨이 말하는 중년기의 발달과제는 '세대성'generativity이다. 세대성이란 다음 세대를 적극적으로 육성하는 것을 말한다.

　중년기는 지금까지 얻은 교훈을 다음 세대에게 남겨두고 도움을 주려는 의식을 가진 연령층이다. 관리직 자리에 있지 않아도 문제가 되지 않는다. 현장의 리더로서, 후배들의 멘토로서 다음 세대를 지원하는 역할을 기꺼이 담당한다면 새로운 자신의 존재 가치를 찾을 수 있다. 그때 커리어 플래토는 성장하지 않는 정체기가 아니라 오히려 인생을 개척하는 전환점이 될 수도 있다.

　　　　　　　　　　　　　내 안에 작은 상자에서 탈출하는 법

# ● 또 하나의 얼굴

우리는 학생 시절에 "나의 분신이 있으면 얼마나 좋을까?" 하고 상상을 한 적이 많다. 나의 분신이 있다면 두 사람의 역할을 어떻게 나눌지 공상한다. 분신은 학교에 다니고, 자신은 휴일을 늘려 하고 싶은 일을 할 수 있다. 분신과 함께 일을 한다면 아무리 힘든 일을 해낼 수 있을 것 같다. 또한 능력이 같은 분신과 함께 공부한다면 실력을 빨리 높일 수 있을 것이라고 상상해 본다.

이러한 공상을 주제로 한 소설도 있다. ≪요시다 도우메이吉田同名≫라는 단편소설이다. 이 소설은 복수의 자신이 있는 세계를 흥미롭게 그리고 있다. 주인공 요시다 다이스케라는 동일한 능력을 가진 2만 명의 복수 인물이 어떻게 작용하는지를 실감 나게 묘사하고 있다. 이 단편소설의 주인공처럼 사람은 상황에 따라 바뀌는 다면성을 갖고 있다. 환경과 상황에 따라 사고와 행동, 역할이 바뀌고, 인격도 다르게 나타난다. 그러나 그중 하나의 분신이 사람들의 기대에 어긋나는 도덕적인 문제를 일으키면, 사람들은 그의 다양한 모습 중에 문제가 된 모습만 부각해 그를 평가한다. 이와 같이 우리는 변치 않고, 꾸준하고, 변함 없는 모습을 보이는 사람을 신뢰하고 높이 평가한다.

그래서 사람들은 자신의 내면에 다면성이 있다는 것을 부끄럽게 생각한다. 평소와 다른 모습을 보이면 다중인격자로 보이지 않을까 걱정한다. 가능한 한 태도와 성격을 바꾸지 않고 일관성을 유지하려고 한다. 주변에서 밝고 긍정적인 모습으로 평가를 받아왔던 사람이라면, 기분이 나쁠 때도 애써 밝은 모습을 보이려고 한다. 감정을 억제하면서 자신의 한 면만을 유지하려고 한다. 가면을 쓴 것처럼 끊임없이 자신을 가장한다.

그러나 사람에게는 다면성이 있다. 심리학에서도 모든 사람은 복수의 자신이 있다고 한다. 우리는 실생활에서 자신의 다면성을 활용하며 살아가고 있다. 가정, 직장, 친목모임 등 장소와 역할에 따라 다양한 얼굴을 가지고 있다. 회사에서 부처와 같은 상사가 가정에서는 불화를 겪는 경우도 있다. 사람이 다양한 모습을 갖고 사는 것은 자연스러운 현상이다. 회사에서 부장이나 임원으로서 리더 역할을 해도 동호회에서는 초보자로서 배우는 입장이 될 수 있다. 커뮤니티에 따라 자신의 모습이 바뀌는 것은 매우 자연스러운 것이다.

최근 업무를 떠나 단순한 여가활동을 하는 것에만 그치지 않고, '또 하나의 얼굴'을 찾는 데 시간을 투자하는 직장인들이 늘어나고 있다. 직장동료 외에 취미 동호회, NPO, 사교모임 등 복수의 커뮤니티에 소속된 다른 커뮤니티 회원들과 교류하는 것이다. 이처럼 직장인은 좋아하는 외부활동을 통해서라도 씨앗을 뿌려야 한다. 다양한 취미활동을 통해 자신의 내면에 있는 다양한 모습을 찾아내고, 폭넓은 인간관계를 통해 다양한 미래를 만들어 갈 수 있다. 이러한 인간관계는 자신의 변화를 촉진하는 효과적인 수단이다. 인간관계가 변하면 사람의 내면은 자연스럽게 바뀐다. 직장에서 일할 때의 모습과 동호회에서 활동하는 모습은 다르다. 정체성이란 반드시 하나가 아니기 때문이다.

사람의 다면성을 추구하면 장점도 많다. 복수의 자신을 인정하면 정신 건강에도 좋다. 실제로 한 가지 역할만 가지고 있는 사람은 우울증에 걸리기 쉽다는 연구도 있다. 다양한 분야에서 역할을 발휘할 기회가 많다면 가능성을 넓힐 수 있다. 흥미와 관심을 가진 분야에서 자신의 몇 가지 얼굴을 가지고 있다면 정신적으로 위험을 없애는 효과가 있다. 자신에게 없는 정체성을 가장하는 것이 아니다. 개인의 다양한 측면을 실현하는 것이다. 자신의 가능성을 한 가지에 좁히지 않고, 잘되지 않는 일이 있더라도 연연하지 않고 다면적으로 자신의 능력과 기술을 활용해야 한다.

　최근 SNS에서 하나는 업무용, 하나는 개인용으로 복수계정을 만드는 사람도 있다. 지금은 이러한 복수계정을 갖는 것이 당연한 세상이다. 이처럼 인생도 복수계정이 필요하다. 자신의 현재 업무를 해나가면서 또 하나의 일을 병행해 나갈 수 있다. 자신의 가능성을 하나의 업종과 조직에 묶어두지 않고 다른 커뮤니티를 활용해 또 하나의 자신을 찾아보는 것이 중요하다.

　　　　　　　　　내 안에 작은 상자에서 탈출하는 법

## ● 복직의 발상

　며칠 전에 필자의 후배(52세, 금융회사 근무 중)를 만나 커리어 선택에 대한 고민을 들었다. 후배는 10년 전부터 개발도상국에 대학을 설립해 인재를 양성하고, 국내에서 NPO 단체를 설립해 활동하고 싶다는 웅대한 꿈을 갖고 있었다. 지인들에게 자신의 그런 꿈을 말하면 "딴생각 말고 회사에서 버텨라"는 냉소 섞인 말만 듣고 있다고 한다. 나는 두 가지 꿈을 동시에 그리고 당장 시작하라고 조언했다. 그러자, 후배는 놀라며 "무슨 말씀이세요. 한 가지도 힘들 텐데요"라고 말했다.

　이렇게 우리는 일을 하나밖에 할 수 없다고 생각하는 고정관념을 갖고 있다. 그런 고정관념에 의문을 가질 필요가 있다. 이제

한 가지 일에서 생계를 유지할 수 없는 어려운 시대가 되었기 때문이다. 지금의 경제상황과 기술발전의 속도를 보면 그 이유를 알 수 있다.

최근 한국의 실업률은 3~4%대를 유지하고 있다. 경기가 회복되면 실업률이 떨어지고 일자리도 늘어날 것이라고 단순히 생각한다. 하지만 절대 그렇게 되지 않을 것이다. 실업률이 떨어지지 않는 것은 최근 눈부시게 발전하는 정보통신 기술 때문이다. 지금까지 10명이 했던 일을 한 사람이 할 수 있다. 기업은 당연히 과잉인력을 정리하고 최대한 이익을 확보하려고 한다. 고정비가 많은 정규직보다 필요할 때마다 능력을 갖춘 비정규직을 활용하는 기업이 늘어나고 있다. 간단히 말해 회사의 정해진 일(定職)은 계속 없어지고 있고, 그 추세는 더 빨라질 것이다.

그래서 더욱 복수의 일을 동시에 하는 복직(複職)의 발상이 필요하다. 미국에서는 1990년대 이후 기업의 구조조정으로 직장을 잃은 많은 근로자들은 파트타임이나 아르바이트를 겸업하며 생계를 유지했다. 이러한 겸업은 많은 장점이 있다. 한 가지 일만 하면 그 일을 주는 회사에 의존하려는 경향이 매우 크다. 겸업을 하면 각각의 일에 대해 의존도가 상대적으로 낮아지는 만큼 반대로 경쟁력이 커진다. 즉 일이 하나밖에 없으면 하고 싶지 않은 일이라도 생계를 위해 어쩔 수 없이 참고 일할 수밖에 없다. 하지만

내 안에 작은 상자에서 탈출하는 법

복수의 일이 있다면 하지 싫지 않은 일은 무리해서 할 필요가 없다. 복수의 일 중에서 진정으로 하고 싶은 일도 생긴다.

그렇다면 복수의 일을 하면서 어떻게 하고 싶은 일을 선택해야 할까? 누구나 하고 싶은 일을 하면서 충분한 소득을 얻을 수 있기를 희망한다. 그러나 현실적으로 하고 싶은 일을 갑자기 찾을 수 없다. 하고 싶은 일을 선택하기까지는 많은 시간이 걸린다. 그래서 많은 사람이 소득은 얻을 수 있지만, 하고 싶지 않은 일에 종사한다. 이렇게 살아간다면 평생 하고 싶은 일을 할 수 없다. 지금은 아직 소득을 얻을 수 없지만 비어있는 시간을 활용해 하고 싶은 일을 찾아서 시작해보는 것이 중요하다. 하고 싶은 일과 생계를 구분하여 생각해야 한다. 하고 싶은 일에서 처음부터 소득을 기대할 수 없다. 많은 사람이 소득이 적거나 없다고 하고 싶은 일을 포기하는 모습을 보면 참으로 안타깝다.

예를 들어, 3가지의 일을 동시에 한다고 가정해보자. 현재 하고 싶지 않은 일에서 소득이 발생하고 있고, 추가로 2가지 일을 동시에 시작하는 상황이다. 이때는 하고 싶은 일에서 소득이 없어도 문제가 되지 않는다. 처음 시작하는 일은 경험과 실력이 부족하기 때문에 소득이 생기기 어려운 것은 당연하다. 그러나 좋아하고, 하고 싶은 일은 시간이 지나수록 빠르게 실력이 향상된다. 그러면 자연스럽게 소득이 따라올 것이다. 진정으로 하고 싶은 일이라면 소득이 빠르게 늘어날 수도 있다. 소득이 늘어나면 이제 하고 싶은 일의 비율을 상황에 맞춰 늘려나가면 된다.

설령 하고 싶은 일에서 소득이 발생할 가능성이 적더라도, 하지 않고 후회하는 것보다 하고 나서 후회하는 편이 훨씬 낫다. 실제로 하고 싶은 일을 하다 보면 다양한 정보와 인맥을 접하면서 좋은 기회를 만날 수 있다. 하고 싶은 일을 하면 그 분야의 네트워크 속에서 서로의 강점을 만드는 화학적 결합이 이루어질 수도 있다. 일단 소득을 얻을 수 있는 일을 계속하고 있다면 하고 싶은 일을 시작하는 것에 큰 위험이 없다.

하지만 현재 안정된 소득이 전혀 없는 사람도 있다. 이런 경우에는 하나의 일에서 나오는 소득에만 의존하지 말아야 한다. 가능한 한 여러 일을 통해서 최소한의 필요한 소득을 확보하려고 노력해야 한다. 복수의 소득원을 가진다면 어떤 일이 닥쳐도 유연하게 대응할 수 있다. 이처럼 복수의 일은 하나의 소득원에 의존하는 것보다 위험이 적다. 그리고 보다 자유롭고 창의적인 생활을 유지할 수 있다.

이렇게 생각하면 하고 싶은 일을 하기 위해 반드시 지금의 일을 그만둘 필요가 없다. 시간적 제약이 있지만 아무것도 하지 않는 것보다 낫다. 하고 싶은 일에 한 주, 1일, 단 몇 시간만 투자해도 괜찮다. 처음부터 소득을 얻지 못해도 상관없다. 어쨌든 자신이 진정으로 하고 싶은 일을 하면서 생계유지도 가능한 목표를 정해 한 걸음씩 앞으로 나가는 것이 중요하다. 무엇보다 하고 싶은 일을 하고 있다면 영혼이 풍요로워지면서 지금 하고 있는 일에도 좋은 영향을 줄 수가 있다.

## ● 채용기업과 구직자의 동상이몽

관점의 차이가 크면 이견을 좁히기 어렵다. 특히 중장년층의 전직에서 관점의 차이가 크게 나타난다. 중장년 구직자는 소득과 직책 등의 처우를 우선한다. 수치로 나타나는 연봉과 직책은 자신의 자존심이 걸린 문제로 생각한다. 하지만 현재 회사에서 받는 연봉만을 기준으로 생각한다면 전직이 가능한 회사는 없다. 실제로 전직시장에서 50대를 채용하려는 회사는 드물고, 연봉도 높지 않다. 오랫동안 일한 경험(과거)과 능력을 활용할 곳을 찾기 어렵다. 이러한 중장년 전직시장의 상황을 알고 충격을 받는 사람이 적지 않다. 전직시장의 현실을 먼저 이해하는 것이 중요하다. 현실에 맞게 전직계획을 수립하는 것이 채용확률을 높일 수

내 안에 작은 상자에서 탈출하는 법

있기 때문이다.

먼저 채용기업의 입장을 생각해보아야 한다. 채용기업은 노동력을 확보해 수익을 올리려고 사람을 채용한다. 채용방법 외에 업무위탁, 업무제휴 등의 다양한 방법도 있다. 회사의 관점에서 보면 채용은 선행투자의 위험을 감수해야 하는 노동력확보 방법이다. 이러한 위험 때문에 회사는 채용을 결정할 때 '이 사람이 곧바로 회사에 얼마를 벌어다 줄 수 있을까?'라는 투자관점을 가질 수밖에 없다. 중장년층은 즉시 활용할 수 있는 노동력으로 생각한다. 채용하면 즉시 회사의 수익을 담보할 수 있는 인력 채용에 초점을 둔다. 반면에 중장년 구직자는 자신의 과거 경력과 능력에 초점을 둔다. 현재 받는 연봉을 의식하고 시장에서 자신을 얼마에 팔 수 있을지에 관심을 가진다.

• 중장년 구직자 : 과거의 경력과 능력을 기준으로 자신의 가치를 얼마에 팔 수 있을까? (과거 × 현재 시점의 자신 × 가격)
• 채용기업 : 장래의 기대성과(수익)를 기준으로 얼마까지 투자할 수 있는가? (장래 × 적응변화 가능성 × 예상수익)

이렇게 채용기업과 구직자 사이에 관점은 크게 다르다. 구직자는 현재 자신이 연봉을 얼마나 받을 수 있는지 알고 싶어 한다.

실례지만 나이가 어떻게 되시나요?

채용기업은 노동력에 투자해 얼마나 수익을 낼 수 있는지 확인하고 싶어 한다. 전직을 준비하는 중장년층은 이러한 관점의 차이를 잘 이용할 필요가 있다. 30~50대 1의 치열한 채용 경쟁에서 채용기업의 관점으로 접근하면 자신의 이미지를 차별화할 수 있다. 예를 들어 중소기업의 마케팅 분야에 지원한다면, 채용기업의 고객 입장에서 문제나 과제를 파악하고 그 문제를 해결할 수 있는 제품 서비스 개선 방안을 제안하는 것도 좋다. 자신의 과거 경험과 능력을 활용해 수익을 올릴 수 있는 방안을 제시한다면 회사는 구직자에게 관심을 가질 것이다. 회사의 수익창출에 공헌할 수 있는 인재라고 적극적으로 호소하는 방식은 의외로 큰 효과를 발휘할 것이다.

현재 중장년 전직시장은 구직자가 압도적으로 많고 채용 경쟁도 매우 치열하다. 구직자는 자신을 뽑아주는 회사를 선택할 수밖에 없다. 일단 어떤 회사라도 들어가자는 생각으로 지원하는 중장년층이 많다. 전직시장의 현실을 알고 몸값을 낮춰 다양한 업계나 직종에 지원서류를 낸다. 그러나 이러한 근로조건의 변경만으로 전직은 쉽지 않다. 무엇보다 채용기업은 구직자를 수익창출 관점에서 바라본다는 엄연한 사실을 명심해야 한다.

누구나 이해하고 있듯이 기본적으로 급여와 노동은 등가교환의 계약이다. 일종의 기브앤테이크이다. 중장년층 전직시장에서

내 안에 작은 상자에서 탈출하는 법

자신의 경험과 능력을 팔고 싶은 구직자는 자신의 가치를 호소해, 채용기업이 사고 싶다는 구매욕구를 높여야 한다. 즉 채용기업의 관점에서 늘 생각해야 한다. 구직활동을 할 때 얼마를 받을지가 아니라 자신을 채용하면 회사가 얻는 이익이 클 것이라는 확신을 주어야 한다. 즉 자신을 채용하지 않으면 회사는 손해를 볼 것이라는 사실을 적극적으로 전달하는 전략을 펼쳐야 한다. 이렇게 관점과 전략을 바꿔야 전직시장에서 확실한 경쟁력을 확보할 수 있다.

## ● 스몰 스탭의 원리

"5년 후 퇴직을 생각하면 불안합니다. 지금부터 뭔가 준비해야 할 것 같아요. 지금의 회사에서 일하면서 퇴직 후 재취업 시장에서 통용되는 능력이나 스킬을 배우고 싶은데 자꾸 미루고 있습니다." 공기업에 다니는 송기석 씨(55세)의 말이다. 송기석 씨처럼 사람들은 변화를 결심하지만, 실제 행동으로 옮기지 못하는 이유는 뭘까? 본능적으로 변화를 싫어하기 때문이다. 의지가 약한 탓도 있지만, 사람이란 변화 자체를 피하는 습성을 갖고 있다.

사람은 쾌적영역comfort zone에서 멀어지려고 하면 잠재의식 영역에서 매우 강한 반발을 일으킨다. 이러한 반발작용을 생물학에서 항상성 유지기능homeostasis이라고 한다. 예를 들면 사람의 체온은 더위나 추위와 관계없이 일정한 온도를 유지하려고 한다. 외부의 기온에 따라 체온이 변한다면 사람은 바로 약해지기 때문에 그것을 방지하려고 한다. 즉 생존을 위협하는 변화를 피하기 위해 잠재의식 속에 박혀 있는 보호 프로그램을 작동시킨다. 강한 의지를 비웃기라도 하듯이 큰 결단 앞에서 주저하게 만든다. 이처럼 머릿속으로 잘 이해하고 있어도 잠재의식에서 강한 반발을 일으키기 때문에 행동으로 이어지지 않는다.

직장인에게 20년 이상 일해 온 직장은 심리적으로 익숙하고 편한 쾌적영역이다. 그렇게 익숙한 직장을 떠난다고 생각하면 매우 불안하다. 쾌적영역은 퇴직 후를 대비해 새로운 커리어를 준비하는 사람에게 족쇄로 작용할 수 있다. 그렇다면 이러한 인간의 항상성 유지기능을 역이용하면 어떨까? 즉 자신이 꿈꾸는 장래 커리어 목표를 쾌적영역으로 설정하는 것이다. 현재 익숙한 직장을 쾌적영역에서 벗어난 장소(잠재의식에서 있고 싶지 않은 장소)로 생각한다. 그러면 잠재의식은 지향하는 커리어 목표(쾌적영역)를 향해 행동하고 선택할 가능성이 있다. 잠재의식은 자동적으로 목표지점을 향하고 사람은 자연스럽게 변화를 위한 행동을 시작한다.

이렇게 퇴직준비 행동을 시작했다면 목표를 향해 계속 나아가야 한다. 그런데 목표지점에 도달하기 전에 포기하는 사람이 많다. 처음부터 무리한 목표를 정했기 때문이다. 큰 목표에 의욕적으로 도전해도 그 목표까지 가는 것이 힘들다고 느껴지면 계속할 수가 없다. 뭐든지 꾸준히 계속하지 않으면 성과가 나오지 않는다. 중도에 그만두면 오히려 자신감만 더 떨어질 수 있다.

그렇다면 목표를 작게 쪼개서 매월, 매주 실천할 수 있는 작은 목표로 만들어 보자. 곧바로 눈에 보이는 성과가 없더라도 꾸준히 계속할 수 있다. 조금씩 천천해 실천하다 보면 자연스럽게 자신감과 용기가 따라온다.

이렇게 쉽게 도전할 수 있는 작은 목표부터 시작해 조금씩 늘려나가는 것을 심리학에서 '작은 발전small step의 원리'라고 한다. 이 작은 발전의 원리는 새로운 일을 시작할 때 특히 중요하다. 사람들은 어떤 목표가 있으면 무리해서라도 빨리 달성하려고 한다. 어떤 사람은 재취업에 필요한 자격증을 따려고 수면시간을 줄이고, 매일 4시간씩 공부할 목표를 세운다. 처음에는 성과가 나올지 모르지만, 솔직히 오래가기 어렵다. 결국 중도에 포기하는 경우도 많다. 처음에는 하루에 단 30분이라도 책을 보는 습관을 들이는 것이 좋다. 처음에는 작은 목표를 세워 일단 실천하는 것 자체에 익숙해져야 한다. 시간이 지나 익숙해지면 1~2시간으로 공부량을 늘려나간다. 처음부터 행복해지는 것이 아니라 먼저 행복에 익숙해지는 것이 중요한 법이다.

인생에서 목표를 향해 꾸준히 실천해서 큰 성취를 이룬 사람들이 많다. 어떤 작은 행동을 오래 계속하면 일정한 시점부터 급격하게 성장한다. 우리는 0.1%의 성장만으로 엄청난 능력을 갖출 수 있다. 현재 자신의 능력을 "1"로 하고 매일 어제보다 0.001%씩 성장한다고 가정하면 1일째에는 1.001밖에 성장하지 않는다. 1주일간 계속하면 1.007이고, 1개월간 지속하면 1.03이다. 이 정도로는 성장했다고 말할 수 없다.

그럼, 1년을 계속하면 어떻게 될까? 최초의 1.44배가 된다. 2년째에는 2.07배, 3년째는 2.99배가 된다. 3년 후에는 약 3배의 능력을 갖추게 된다. 그렇다면 희망을 가질 수 있다. 3년의 시간이 있다면 자격증 한두 개는 충분히 딸 수 있다. 3배의 능력을 갖추면 그 효과를 충분히 느낄 수 있다. 자격증을 딸 수 있다면 하고 싶은 일도 해낼 수 있다. 그리고 5년 동안 계속 노력한다면 지금의 능력이 6.2배, 7년째에 12.9배, 8년째에 18.6배, 10년째에 38.5배까지 성장한다면 뭐든지 할 수 있다. 현재 "1"의 능력을 가진 초보자라도 38.5배로 성장한다면 아마도 그 분야에서 최고의 전문가로서 실력을 인정받을 것이다. 매우 강력한 희망의 메시지다.

당신이 좋아하고 세상에 도움이 되는 훌륭한 꿈과 목표가 있더라도 처음부터 잘할 수 없다. 목표와 기대가 크면 뜻대로 되지 않

실례지만 나이가 어떻게 되시나요?

을 때 좌절감도 크다. 꿈과 목표는 처음부터 쉽게 이루어지지 않는다. 그래도 꾸준히 0.001%씩 성장하려는 자세가 중요하다. 작은 발전의 원리를 믿고 자신에게 맞는 속도로 꾸준히 목표를 향해 나아가는 것이다. 퇴직의 불안을 안고 서두르기 쉬운 50대 직장인일수록 장래 커리어 목표를 향해 매월, 매주, 매일 조금씩 성장해나간다는 자세가 필요하다. 여유를 가지고 오늘부터 매일 0.001%의 성장을 다짐해 보라. 자신이 느끼지 못할 정도로 변화가 천천히 일어나지만 몇 년 후에 돌아올 대가는 매우 클 것이다.

# 5장

새로운 나를 찾는 커리어 솔루션

도달목표가 보이지 않는 마라톤 코스를 달리고 있다면 현재 시점에 어느 정도의 페이스로 달려야 하는지 알 수가 없다. 다시 말해 전체 레이스에서 속도를 잘 배분하지 못하면 페이스 조절에 실패해 완주를 포기할 수밖에 없다. 목표가 명확해야 앞으로 할 일을 분명하게 알 수 있다.

## ● 커리어 정리하기

"긴 직장생활이 순식간에 지난 것 같아요. 지금 남은 것은 명함과 몇 개의 상패밖에 없어요. 28년 동안 현장 관리직, 본사의 영업부, 총무부, 감사실 등에서 일했지만 무슨 일을 했는지 도무지 기억나질 않는군요." 3개월 전에 퇴직한 정성현 씨(55세)는 이렇게 과거를 회상한다. 지금 재취업에 대비하여 직무이력서를 힘들게 쓰고 있다. 재직 기간 중에 지난 직무경력을 살펴보고 이력서를 상세하게 써두지 못한 것을 뼈저리게 후회하고 있다.

입사 후에 한 번이라도 당신의 커리어를 점검하거나 평가해 보았는가? 매우 드물 것이다. 불과 퇴직을 3개월 앞둔 사람조차도 과거의 커리어를 점검하지 않는다. 대기업에서 20년 넘게 근무

새로운 나를 찾는 커리어 솔루션

한 사람들은 이러한 경향이 더욱 강하다. 인력을 채용할 때 타인의 직무이력서를 검토했지만 자신의 직무이력서를 써본 적이 없다. 아마 그럴 필요가 없었을 것이다. 50대가 되면 현재의 직장이 마지막이라고 생각하기 때문이다. 지금의 회사에서 맡은 역할과 일할 기간만 생각하고 자신의 능력을 점검하지 않는다. 안타깝지만 이제 이러한 생각을 바꾸는 게 좋다.

**커리어 점검에 시간을 투자하라**

인생 100세 시대에 40대, 50대는 아직 여러 가지 일을 할 기회가 있다. 많은 중장년층은 그런 능력을 갖고 있다. 앞으로 30년 정도 재취업이나 창업, 사회활동 등 다양한 일에 도전할 마음가짐과 준비가 필요하다.

우리는 결산이나 재고를 정리할 때 그 시점에 물류에 있는 상품과 원재료의 종류, 수, 품질, 가격 등을 조사한다. 직장인들도 자신의 커리어에 대한 정기적인 점검이 필요하다. 누구나 직장생활에서 습득한 기술, 지식, 경험, 자격, 노하우, 관리능력 등이 있다. 이처럼 현재 자신이 보유한 자기 자산의 종류, 숫자, 수준 등을 확인해 보고, 그 가격을 평가해 보는 것이다. 커리어는 눈에 보이지 않는 무형자산으로 정량화하기 어렵다. 과거의 업무 지식과 경험, 기술 등의 암묵지를 형식지로 표현하는 것이 중요하다.

현재 갖고 있는 능력을 정량화해야 자신을 상품화할 수 있다. 커리어를 점검해야 전직활동의 기초가 되는 직무 이력서를 작성할 수 있다. 이러한 커리어 점검에 투자할 때 자신의 능력과 강점을 구체화해야 한다. 그래야 장래의 커리어 목표를 명확하게 정할 수 있다. 충분한 시간을 투자해 자신의 커리어를 점검해야 한다.

## 커리어와 관련 정보를 수집하라

그러나 과거의 직무 경험이 생각나지 않는다고 호소하는 사람이 많다. 어쩌면 당연한 일이다. 이런 사람은 지금까지 직장생활 동안 모아둔 자료를 정리하면 기억을 생생하게 되살릴 수 있다. 자료수집은 커리어 점검의 절반 정도에 해당한다. 커리어 점검에 필요한 자료는 회사의 인사기록, 근무부서의 명함, 사령장, 표창장, 자격인증서 등이 있다. 이러한 정보는 전직할 때 직무 이력서와 개인 프로필의 기초자료가 된다. 회사의 인사기록은 입사 시점부터 현재까지 인사이동 사항을 담고 있다. 직원들이 신청하면 발급해주는 회사가 많다. 명함을 통해 회사 부서의 정식명칭을 알 수 있다. 근무 시점의 자격과 직책도 기록되어 있으므로 근무할 때의 자신의 역할을 정확히 파악할 수 있다. 사령장은 회사에서 받은 인사명령서이다. 이동 연월, 소속 부서명, 직책명, 승진 일자 등을 알 수 있다. 30년간 근무하면서 적어도 한두 번은 회사에서 표창을 받은 경험이 있을 것이다. 회사의 각종 활동이나 업적달성을 통해 받은 수상내역은 자신의 강점을 파악하는 데 도움이 된다. 자격인증서는 당신의 전문성과 지식을 증명하는 귀중한 자료이다. 보유한 자격 전부를 기록한다. 국가자격이 아니거나 누구나 딸 수 있는 자격이라고 스스로 판단해 중요하지 않게 여기지 말아야 한다. 모든 자격은 나름대로 가치가 있다.

## 직무능력을 발견하라

커리어 정보를 수집했다면, 이제 본격적으로 업무경력을 정리하면서 자신의 객관적인 능력을 파악해야 한다. 이른바 자기분석이다. 활용할 수 있는 능력, 기술, 지식 등을 찾아 장래에 어떤 일을 할 수 있는지 파악하는 것이다. 이전에 어떤 일을 해왔기 때문에 지금 무엇을 어떻게 할 수 있고, 어느 정도 할 수 있는지를 확인하는 작업이다. 직장생활 25~30년이 지나면 과거에 했던 직무에 대한 기억이 희미해진다. 지금까지 해왔던 일을 조용한 장소에서 작성해보자. 과거의 직무 경험은 당신의 자산이다. 앞으로 살려 나갈 직무능력의 원천이다. 과거를 회고하다 보면 그동안 잊고 있던 강점을 발견할지도 모른다. 과거 직무 경험에서 자신의 잠재능력을 발견하고 새로운 일자리에 대한 실마리를 찾을 수 있다.

먼저, 자신이 경험한 과거 업무를 회상하고 정리해보자. 앞서 수집한 직무 관련 정보를 바탕으로 생각나는 대로 정리해본다. 연표형식의 양식에 직접 기록하는 게 좋다. 입사 때부터 근무회사, 부서, 직위와 담당직무 등을 가능한 한 상세하게 작성한다. 직무 내용뿐만 아니라 기억에 남았던 인상적인 사건도 전부 기록한다. 현재와 가까운 과거 직무부터 살펴보고, 지금 가장 자신 있게 할 수 있는 일을 찾는 것이 핵심이다. 오랜 과거를 회상하고 세세하게 생각해내는 작업이기 때문에 많은 시간이 걸린다. 끈기를 가지고 적고 다시 수정해야 한다.

그리고 과거의 성공체험과 실패체험도 기록한다. 사례들을 기록할 때는 성공요소와 실패요소를 체크해 본다. 영업부서에 근무할 때 어떤 프로젝트를 어떻게 성공했는지 구체적인 내용을 적어본다. 그리고 그 성공체험에서 무엇을 얻었는지 기록한다. 그리고 실패한 사업경험을 감추려는 경향이 있지만 잘못된 생각이다. 과거의 실패경험도 자신의 강점을 전달하는데 중요한 무기가 된다. 실패를 체험한 사람은 이후에 동일한 상황에서 똑같은 잘못을 반복하지 않는다. 실패해도 다시 일어서는 용기와 도전정신을 갖춘 사람으로 기억될 수 있다. 만약 그 실패한 사업을 다시 진행한다면 이전에 해결하지 못한 문제들을 어떻게 헤쳐나갈지에 대한 극복방안도 정리해 본다.

새로운 나를 찾는 커리어 솔루션

마지막으로 과거 직무를 점검하고 업무 내용을 작성했다면, 구체적인 직무능력을 찾아낸다. 과거의 직무뿐만 아니라 그 업무를 통해 익힌 직무능력을 확인하는 것이 중요하다. 예를 들어 현장의 영업 경험이 있다면 고객대응력과 소비자의 구매심리를 파악하는 능력을 들 수 있다. 영업력을 갖춘 사람은 다양한 물건과 서비스를 팔 수 있다. 과거에 판매해본 물건만 팔 수 있는 것이 아니다. 마찬가지로 과거에 경험한 업계와 직종에서만 능력을 발휘하는 것은 아니다. 업계와 직종을 바꾸어도 활용할 수 있는 능력이 지금 할 수 있는 진정한 직무능력이다. 과거의 직무경험에서 앞으로 활용할 능력, 경험, 기술, 지식 등을 최대한 찾아야 한다.

## ● 잠재능력 찾기

J씨는 보험회사에서 15년 동안 영업관리 업무를 담당했다. 그는 "영업관리 외에는 다른 일을 할 수 없어요"라고 입버릇처럼 말한다. 보험회사의 과거 경력을 보면 준법감시 업무를 한 적이 있다. 당시 현장 직원들에게 딱딱한 법률과 회사규정을 이해시키기 위해 컴플라이언스compliance 개념을 구조화하고, 쉽게 이해할 수 있도록 교육하였다. 또한 대학 시절에 교회에서 초등학생들을 가르친 교사로서 풍부한 경험도 갖고 있다. 그때 아이들의 눈높이에 맞춰 다양한 교습 방법을 활용해 아이들에게 큰 호응을 얻었다. 이처럼 과거에 이미 풍부한 교육능력을 갖추고 있었지만 오랜 시간이 흘러 그 경험을 인식하지 못하는 경우가 많다.

새로운 나를 찾는 커리어 솔루션

풍부하고 다양한 업무 경험을 가진 중장년층은 과거의 업무 경험에서 강점과 직무능력을 찾을 수 있다. 그렇다고 과거의 회사 업무 경험만이 현재 갖고 있는 능력의 전부는 아니다. 회사 업무 경력에서 벗어나 학창 시절에 보유했던 재능과 능력을 찾아보는 방법도 있다. 누구에게나 어린 시절에는 많은 잠재능력을 가지고 있었다. 학창 시절의 다양한 능력이 기억 속에 잠자고 있을 뿐이다. 학생 시절을 회고해보면 좋아했던 일, 열중했던 일, 취미나 잘했던 일 등이 많다. 이처럼 기억 속에 잠자고 있는 의외의 능력이 있다. 예를 들면 G씨는 중학교 시절에 미술을 좋아했다. 하지만 대학입시를 준비하느라 미술 분야의 꿈을 접었다. 학창 시절에 미술경시대회에서 입상한 경력도 많다. 퇴직 후에는 미술 분야의 재능을 살려 새로운 일을 찾아보고 싶다. 학창 시절에 잘했던 분야라서 즐겁고 자신 있게 도전해볼 수 있을 것 같다.

이렇게 과거에 좋아했거나 잘했던 일을 떠올리다 보면 숨겨진 보석을 발견할 수 있다. 먼저 학창 시절부터 취업할 때까지 과거를 회상해보자. 좋았던 시절, 즐겁고 기뻤던 시절 등을 돌아보고 긍정적인 측면을 생각해 본다. 또 반대로 힘들고 일이 잘 풀리지 않았던 시절처럼 부정적인 측면도 회고하면서 과거의 인생역정을 돌아보자. 사진과 기념품은 기억을 되살리는 데 큰 도움이 된다. 태어난 해부터 매년 발생한 사건과 관련된 사진을 보면서 어린 시절에 열중했던 일과 취미, 잘했던 일 등을 상세하게 떠올려 본다. 과거의 추억과 경험을 떠올리다 보면 의외로 잊고 있었던 것이 기억 속에 되살아난다. 어린 시절 이후 취미로 계속하지 못했어도 괜찮다. 자신이 좋아하고 흥미를 가졌던 모든 것을 떠올려보라. 그 속에 장래 커리어의 중요한 단서와 재료가 숨어있다.

대부분 직장생활을 하다 보면 일에 관련된 능력만을 평가한다. 예를 들어 리더십, 기획력, 영업력, 분석력 등이 그것이다. 성인이 되어 직장에서 익힌 능력만으로 장래 커리어를 찾는다면, 자신의 진정한 잠재능력을 찾지 못하고 선택의 폭이 좁아질 수 있다. 사람이란 잘할 수 없는 일에는 자신감이 떨어지고 열정이 나오지 않는 법이다. 또 나이를 먹을수록 그다지 좋아하지 않는 일에 많은 시간을 투자하기 어렵다.

직장의 과거 업무경력을 살펴보면 누구에게나 성취한 업적, 자랑거리(수상경력), 위기극복 상황 등이 있다. 업무경력을 깊게 파고들면 당연하게 여겼던 일상업무 속에서 의외의 능력을 발견할 수 있다. 많은 50대 중장년층은 앞서 언급한 J씨처럼 주로 영업관리 업무만 했기 때문에 특별히 내세울 능력과 강점이 없다고 말한다. 영업 분야 외에 다른 일은 할 수 없다고 말하는 사람이 의외로 많다. 그렇지만 영업관리 업무 경험을 자세하게 분석하면 자신에게 다양한 능력이 갖춰져 있다는 사실에 놀랄 것이다. 예를 들어 전혀 관계가 없었던 거래처를 개척했던 추진력과 다양한 업종의 관계자들을 설득한 커뮤니케이션 능력을 갖추고 있다. 또한 외지에 부임해 영업조직을 재구축한 조직력과 리더십을 가지고 있을 수 있다. 과거의 경험과 체험을 인수분해하면 다양한 능력과 강점을 파악할 수 있다.

마지막으로 학창 시절에 흥미를 갖거나 좋아했던 일과 직장에서 잘했던 일을 통합해본다. 구체적으로 종이 왼쪽에는 학창 시절의 흥미나 특기, 재능 등을 적는다. 오른쪽에는 직장에서 익힌 다양한 직무 경험과 능력을 적어본다. 그리고 학창시절의 흥미와 재능, 직장생활의 전문성과 직무능력을 각각 조합하면서 장래에 어떤 일을 할 수 있을지 생각해본다. 최대한 자유롭게 상상해본다. 그 일이 잘될지 안될지에 대한 현실적인 생각보다 상상의 날개를 펴고 다양한 가능성을 생각해본다. 이때 다른 사람의 의견을 들어보면 생각을 더욱 확장할 수 있다.

이렇게 학창 시절의 흥미와 직장의 업무능력을 통합(조합)해보면, 장래 직업에 대한 생각의 폭이 넓어져 새로운 가능성을 찾는 데 큰 도움이 된다. 다양한 조합을 통해 생각한 장래의 직업을 실제로 하거나 하지 않는 것은 별개의 문제다. 영업관리 업무만 해왔기 때문에 다른 일을 할 수 없다고 생각했던 사람이라면 자신에게 얼마나 많은 가능성과 선택지가 있는지 놀랄 것이다. 과거의 숨겨진 재능과 능력을 찾을 때 인생 이모작을 향한 새로운 커리어의 돌파구가 열릴 것이다.

새로운 나를 찾는 커리어 솔루션

## ● 객관적으로 평가 받기

필자는 젊은 시절에 일본어를 독학으로 공부했다. 일본어를 혼자서 공부하다 보니 내 실력이 어느 정도 되는지 몰라 일본어 동호회에 참석한 적이 있다. 나보다 일본어를 잘하는 외부의 다양한 사람들과 만나 내 능력을 점검해보고, 회화능력을 높이기 위한 선택이었다. 그 당시 동호회에 참석한 50대, 60대 회원 중에는 일본어를 모국어처럼 구사하는 사람이 많았다. 그런 회원들과 활동하면서 일본어 능력수준을 크게 높일 수 있었다.

한 회사나 한 부서에서 오랫동안 일한 사람은 회사의 프로젝트나 과제 해결을 통해 풍부한 업무 경험과 지식을 갖고 있다. 그렇게 오랫동안 쌓은 경험과 지식을 갖고 있어도 자신의 능력에 대

실례지만 나이가 어떻게 되시나요?

한 수준을 잘 모르는 사람이 많다. 같은 업계의 경쟁회사나 다른 업계의 동일한 직종에서 근무하는 사람들에 비해 자신의 능력이 어느 정도인지 파악해본 적이 없기 때문이다. 오로지 같은 회사의 동료들과 협력하고 경쟁하며 성과달성에 전념해왔다.

회사에서 업무를 통해 익힌 능력은 새로운 커리어의 중요한 기반이 된다. 20대와 30대는 능력이 승진에 영향을 미치지만, 40대와 50대는 전직이나 새로운 커리어를 만들 때 매우 중요한 요소가 된다. 퇴직 후에 개인적인 인맥에 의해 전직하는 경우도 많지만, 기본적으로 어떤 직무에 충분한 능력이 갖춰져 있다는 전제가 깔려 있어야 한다. 따라서 먼저 자신의 능력이 어느 정도 되는지 구체적으로 평가해볼 필요가 있다. 대기업의 마케팅 분야에서 20년 동안 일했기 때문에 최고의 실력을 갖추고 있다고 자부하는 사람도 시장에서 능력을 평가해 보아야 한다.

그렇다면 자신의 능력을 어떻게 평가할 수 있을까? 일반적으로 자신의 능력을 평가할 때 주관적인 견해가 들어가기 때문에 혼자서는 객관적인 평가를 하기가 어렵다. 그래서 동료들과 함께 평가해 봐야 한다. 다른 사람이 오히려 나를 잘 알고 객관적으로 평가할 수 있다. 자신의 능력을 솔직하고 객관적으로 평가해줄 수 있는 사람이 주변에 있다면 좋다. 직장인들은 상사의 평가를 그대로 받아들이는 경향이 있다. 직장 상사라고 해도 같은 회사의 직원이다. 회사가 요구하는 기준으로 부하직원의 능력을 평가하기 때문에 객관적으로 평가할 수 없다. 회사를 벗어나 부하직원이 어떻게 통용되고 평가받을지 모른다. 이처럼 직장의 상사가 부하직원을 객관적으로 평가하는 것은 한계가 있다.

　실제로 자신의 능력을 객관적으로 평가하고 싶다면 회사 동료가 아닌 외부 사람에게 평가를 부탁하는 것이 좋다. 다른 가치관이나 사고를 가진 사람이 나의 존재와 능력을 어떻게 보는지는 매우 중요하다. 직장동료는 오랫동안 함께 일해 왔기 때문에 당신을 잘 파악할 수 있다는 장점이 있다. 그러나 그 직장동료도 상사와 같이 동일한 가치판단 기준에 젖어 있는 경우가 많다. 특히 동료에 대한 과도한 경쟁의식과 선입견을 가진 사람이라면 더욱 믿을 수 없게 된다.

　이러한 이유 때문에 외부 사람에게 객관적인 평가를 부탁하는 것이 낫다. 외부의 커리어 컨설턴트나 다른 업계에 종사하는 사람도 좋다. 외부 사람에게 부탁하기 어렵다면 이미 직장을 퇴직하고 다른 업종에 취업한 선배들에게 부탁해도 좋다. 냉정하게 시장에서 통용될 자신의 능력을 평가해보라. 현재 당신이 가진 능력 중 어떤 능력은 가치가 없다는 말을 들을 수 있다. 반대로 어떤 능력은 다른 업계에서도 통용될 수 있는 중요한 능력이라고 조언을 들을 수 있다. 이와 같이 외부의 객관적인 평가는 지금 직장에서 제대로 평가받지 못하더라도 다른 업종에서 나의 능력을 살려 나갈 수 있다는 중요한 증거가 된다.

실제로 직장인들은 다른 산업과 업종에서 어떤 능력이 필요하고, 어떤 능력이 높은 평가를 받고 있는지 모른다. 예를 들어 전기산업의 화이트칼라 직원에게 어떤 능력이 필요하고, 내 능력과 어떻게 결합할 수 있는지 알 수 없다. 퇴직한 은행원 중에서 다른 업계로 전직하는 경우가 종종 있다. 은행에서 대출받은 회사가 재무전문 인력이 필요해서 평소에 눈여겨봤던 인재를 채용하는 것이다. 이 사례는 회사가 은행과 거래를 하면서 대출담당자였던 채용 대상자의 능력을 이미 잘 알고 있었기 때문에 채용한 경우다. 이런 특수한 상황 외에는 다른 업종에서 어떤 능력을 중시하고 높이 평가하는지 알기 어렵다.

그렇다면 퇴직 후 전직을 생각한다면 재직 시절부터 다양한 업종에서 일하는 사람들이 많이 활동하는 모임에 참석하는 것이 좋다. 최근 동호회나 전문가들의 교류 모임이 활발하게 진행되고 있다. 이러한 외부 모임에 적극적으로 참석하면 인맥형성에도 도움이 되고 다른 업종의 상황도 파악할 수 있는 좋은 기회가 된다.

외부 사람들에게 능력을 평가받을 때 솔직해야 한다. 현재 직장에서 일상적으로 어떤 일을 하고 있고, 어떤 일에 능력을 발휘할 수 있는지 말해야 한다. 회사의 업무상 보안은 지키면서 외부 사람이 평가할 수 있을 만큼의 충분한 정보를 제공해야 자신의 능력을 객관적으로 파악할 수 있다. 즉 외부 사람에게 평가받기 위해 구체적인 정보를 수집하는 과정 자체가 자신의 능력을 파악하는 계기가 된다.

## ● 직무이력서라는 무기

"20년 동안 직장생활을 했지만, 도대체 무엇을 했는지 모르겠어요. 현장 영업 외에 본사에서 여러 가지 프로젝트를 추진했죠. 그런데 무엇을 어떻게 했는지 구체적으로 머리에 떠오르지가 않아요." 윤창선 씨(49세)는 커리어 컨설턴트인 선배의 권유로 직무이력서를 쓰고 있다. 과거에 했던 일이 머리에만 맴돌 뿐 구체적인 문서로 작성하기 쉽지 않다.

당신이 무엇을 할 수 있는지 객관적으로 파악하고 싶다면 직무이력서를 써보길 바란다. 직장생활을 하면서 한 번이라도 직무이력서를 써본 적이 있는가? 전직 경험이 있다면 직무이력서를 써보았을 것이다. 그렇지만 한 회사에서만 일해 왔다면 입사 후에

한 번도 써본 적이 없을 것이다. 대부분 언제든지 쓸 수 있다고 생각하지만 의외로 쓰기가 어렵다.

직무경력서는 언제, 어디(회사, 부서)에서, 무엇(업무)을 했는지, 어떤 방식으로 일을 진행했는지에 대해 전달하는 것이다. 과거의 업무에 대한 정확한 정보를 제시해야 한다. 다만 사람이 쓰는 것이기 때문에 주관적인 의견이 들어간다. 그래도 최대한 객관적인 시점으로 쓰는 것이 바람직하다.

### 가벼운 마음으로 직무이력서의 초안을 작성한다

직무이력서를 작성할 때 먼저 입사 이후 지금까지 담당한 업무를 생각나는 대로 써본다. 어디에 제출하기 위한 목적보다 그 전단계로서 당신의 커리어를 점검하기 위한 기초작업으로 생각하면 된다. 직무이력서 초안이라고 생각하고 편한 마음으로 써본다. 굳이 양식을 따로 정할 필요도 없다. 과거 맡았던 직책과 성취한 업적, 습득한 기술과 지식, 인맥 등을 정리한다. 가능한 한 과거의 정보를 사실적이고 구체적으로 정리해야 한다. 가볍게 생각해야 머릿속에서 과거의 업무가 잘 떠오르고 수행한 업무의 전체 윤곽을 떠올릴 수 있다. 이를 통해 평소에 잊고 있었던 의외의 강점을 발견할 수도 있다.

직무이력서 초안을 작성할 때 현재의 회사로 전직한다고 생각

실례지만 나이가 어떻게 되시나요?

하면서 작성해본다. 현재 일하는 회사의 커리어이기 때문에 굳이 새롭게 쓸 필요가 있는지 의구심을 갖는 사람도 있다. 그렇더라도 일단 써보면 충분한 의미가 있고, 도움이 된다는 것을 알게 될 것이다. 현재 재직 중인 회사에서 쌓아온 당신의 커리어가 전직하려는 회사에서 필요한 것인지 파악할 수 있다. 그리고 퇴직 전 직장생활을 의미 있고 활기차게 보내는 데 도움이 된다. 퇴직할 때까지 현재 당신의 위치에서 어떻게 일해야 할지 정체성을 명확하게 설정할 수 있다. 엄밀히 말하면 "앞으로 나는 정말 필요한 사람일까?"라고 생각해볼 기회가 된다. 지금까지 회사에서 했던 업무와 사건 등을 떠올리며 새로운 커리어의 가능성을 발견할 수 있다. 이렇게 작성한 직무이력서의 초안을 그대로 보관하고, 나중에 생각날 때 조금씩 추가해나가도록 한다. 직무이력서를 작성할 때 "내가 이런 일도 했구나." 또는 "이런 업무도 할 수 있었네." 하고 자신의 능력을 재발견하는 계기가 된다. 무엇보다 적극적으로 과거의 업무를 떠올리며 작성해보는 것이 중요하다.

　직무이력서를 작성해 두면 여유를 갖고 언제든지 다양한 전직 기회를 엿볼 수 있다. 만약 정년퇴직 전이라도 전직할 기회가 온다면 직무이력서 초안에서 지원회사의 채용조건에 맞춰 재구성해 제출용 직무이력서로 만들면 된다. 직무이력서 초안은 많은 정보를 담고 있기 때문에 기업의 채용조건에 맞춰 쉽게 편집, 가공할 수 있다. 만약 다른 업계로 전직한다고 해도 그 업계에 적합한 사항을 선택해서 기업의 채용조건에 맞게 직무이력서로 꾸밀 수 있다.

## 매년 직무이력서를 갱신하라

직무이력서는 자신의 역사기록이다. 과거의 직무경력은 현재의 자신을 들여다보는 거울이고 장래를 대비하는 원동력이다. 직무이력서를 작성하면서 업무경력을 회고해보면 자신의 부족한 능력을 보완할 수 있는 지식을 습득하거나 새로운 업무목표를 정할 때 큰 도움이 된다. 직장인이라면 전직과 관계없이 정기적으로 직무이력서를 정리해두길 권한다. 직무이력서를 한 번 작성한 후에 매년 한 번씩 갱신하면 된다. 무엇보다 전략적인 커리어 디자인은 현상을 파악하는 것부터 시작한다. 자신을 객관적으로 파악할 수 없다면 미래를 그릴 수 없다. 직무이력서를 이용해 정기적으로 커리어를 점검하면서 자신과 마주할 수 있다. 정리된 직무이력서를 보면 자신의 시장가치도 대충 파악할 수 있다. 지금까지 무엇을 해왔고, 지금 무엇을 할 수 있는지 인식할 수 있다. 그리고 장래에 무엇을 하고 싶은지를 머리에 떠올릴 수 있다. 따라서 정기적으로 자신과 마주할 기회를 만들어나가야 한다.

고용능력employability이라는 말이 있다. Employ(고용하다)와

Ability(능력)를 조합한 말이다. 쉽게 말하면 다른 업계나 회사로 전직할 수 있는 능력, 그리고 지금 일하고 있는 회사에서 나를 계속해서 고용하게 만드는 능력이라고 말할 수 있다.

고용능력은 특히 중장년층에게 중요한 요소이다. 현재 직장에 근무하면서 고용능력을 점검하고, 장래 커리어 목표에 대비하는 자세가 필요하다. 부족한 지식과 기술을 습득하거나 새로운 분야의 능력을 익힐 각오도 필요하다. 고용능력을 갖추고 있다면 퇴직에 대한 불안은 말끔히 사라진다. 퇴직할 때 당신이 하고 싶은 일을 당당하고 자신 있게 선택하고 새로운 커리어를 만들어 갈 수 있다. 이러한 의미에서 현재 일하는 회사로 전직한다고 가정하고 직무이력서를 작성하면서 커리어를 점검해보라. 미리 준비하면 퇴직 후 고용능력으로 연결된다는 점을 명심하길 바란다.

새로운 나를 찾는 커리어 솔루션

## ● 퇴직 일자 파악하기

K씨는 2016년 ○○은행에서 퇴직하였다. 현재 자신의 퇴직 준비 경험을 살려 후배들에게 커리어 컨설팅 업무를 하고 있다. K씨는 임금피크제에 들어갈 때부터 퇴직 준비를 시작했다. 이 기간에 노사발전재단에서 진행하는 전직지원 교육을 받으며, 컨설팅 업무에 필요한 지식을 쌓고 다양한 자격증도 취득했다. K씨는 퇴직 준비의 핵심은 '본인이 잘하는 일을 선택하고, 집중하는 것'이라고 말한다.

현재 50대 회사원이라면 다른 것을 생각하지 않더라도 퇴직을 맞이하는 것은 인생의 중대한 리스크이다. 기본 생활비도 안 되는 국민연금에 의지할 수 없고, 퇴직금도 얼마를 받을지 알 수 없

실례지만 나이가 어떻게 되시나요?

다. 자신의 나이를 생각하면 재취업이 된다는 보장도 없다. 50대 중반부터 임금피크제로 들어가면 소득도 줄어든다. 오랫동안 일해 온 직무를 떠나 현장 관리직이나 보조업무를 맡는다면 직무 전문성도 점차 떨어질 우려가 있다. 50대는 이러한 환경을 분명히 인식하고 본격적으로 퇴직 준비를 해야 한다. 심각한 고령화가 진행되는 경제환경 때문에 퇴직 후 길어진 인생을 일찍부터 대비할 수밖에 없다. 일찍부터 퇴직 준비를 한다면 위험을 피하고 충실한 세컨드 커리어를 개척할 수 있을 것이다.

그러나 50대 중장년층은 퇴직 준비의 필요성을 느끼지만 구체적인 목표를 세우고 실천하지 않는다. 대부분 재직 중에 진행하는 업무에 매몰되어 퇴직 후 생활을 그려볼 여유가 없다. 그리고 퇴직은 아직 먼 미래의 일로 여기고 있다. 퇴직을 6개월 앞둔 한 공무원은 이렇게 말한다. "어느새 정년이 되었어요. 퇴직 후 무엇을 해야 할지 생각도 해보지 않았고, 준비도 전혀 못 했어요. 지금 어떻게 해야 할지 모르겠어요." 한 50대 초반의 회사원은 이렇게 말한다. "회사에서 명예퇴직으로 언제 떠날지도 모르는데, 준비할 필요가 있겠어요." 이렇게 구체적인 목표가 없으면 준비할 것도 없다. 한해 한해 회사에서 버티겠다는 소극적 자세로 바뀐다. 자신이 조직에 필요 없는 사람이라고 생각되면 회사의 눈치를 보면서 귀중한 시간을 낭비한다. 어떤 방향과 목적지도 없

　　　　　　　　새로운 나를 찾는 커리어 솔루션

이 표류하는 배와 같이 50대 인생을 살아간다.

그렇다면 퇴직 준비는 무엇부터 해야 할까? 먼저 자신의 퇴직 일자를 명확하게 파악하는 것부터 시작해야 한다. 자신의 정년퇴직 일자를 모르는 사람은 골인 지점도 모른 채 무작정 달리는 마라톤 선수와 같다. 정년퇴직 일자가 2023년쯤일 거라고 애매하게 알고 있어서는 안 된다. 정확하게 퇴직 일자까지 알아야 한다. 취업규정을 보거나 인사부서에 문의하면 금방 알 수 있다. "앞으로 5년이나 남았는데 퇴직 일자를 파악하는 것이 의미가 있을까요?"라고 말하는 사람도 있다. 퇴직 일자를 파악하고 있다는 것은 매우 큰 의미가 있다. 구체적인 퇴직 일자가 눈에 보이면 생각이 바뀐다. 일단 긴장한다. 앞으로 퇴직까지 남은 5년 6개월이라는 기간을 명확하게 인식한다. 이것이 퇴직 준비의 출발점이다.

구체적인 퇴직 일자를 정확하게 파악하면 긴장감이 들고 목표의식이 생긴다. 퇴직에 따라 발생하는 재무대책이나 재취업 계획을 수립하게 된다. 퇴직 전에 가계재무 상태를 파악하고 소득이 단절될 때를 대비하는 것은 매우 중요하다. 예를 들면 퇴직예정일 전에 대출금의 상환 완료일이라면 안심할 수 있지만, 상환일자가 더 남았다면 불안요소가 된다. 조기 상환할 계획이거나 목돈이 있다면 어느 시점에서 상환을 종료할지 금융기관과 상담하는 것도 좋다. 자녀가 있는 가정이라면 퇴직 일자에 자녀들이 몇 세인지 계산해보아야 한다. 퇴직일 이후에도 자녀가 고등학생이나 대학생이라면 학비가 얼마나 필요한지 계산해보아야 한다. 결혼적령기의 자녀가 있다면 결혼자금을 어떻게 지원할지 대책을 세워야 한다. 이렇게 구체적인 가족 이벤트를 떠올릴 수 있기 때문에 퇴직 후 실행 전략을 마련하는 계기가 된다. 일본 기업들은 50대의 생애설계 세미나에서 정년 전후 생애설계연표를 작성하면서 50대 직원들에게 구체적인 퇴직준비 및 대책을 수립하도록 지원하고 있다.

목표가 명확하다면 실천 가능성이 커진다. 목표자체가 동기를 부여한다. 구체적이고 명확한 목적지를 알기 때문에 표류하는 일을 피할 수 있다. 무슨 일이나 목표를 정하지 않으면 일의 밀도는 높아지지 않는다. 도달할 목적지가 있기 때문에 불가피한 사정으로 도중에 코스도 바꿀 수 있다. 정년 전에 전직이나 창업을 생각한다면, 그 목표시점과 남은 일정에 따라 유연하게 준비할 수 있다. 퇴직 일자를 시각화하는 것도 효과적이다. 퇴직 일자까지 5년 남은 사람은 달력에 5년 후 2023년 00월 00일의 퇴직 일자를 표시해두는 것이다. 그렇게 하면 퇴직일까지 남은 시간을 실감할 수 있다. 단순히 머리로 이해하는 것보다 시각적으로 인식하는 것이 강력한 동기를 부여할 수 있다.

도달목표가 보이지 않는 마라톤 코스를 달리고 있다면, 현재 시점에 어느 정도의 페이스로 달려야 하는지 알 수가 없다. 다시 말해 전체 레이스에서 속도를 잘 배분하지 못하면 페이스 조절에 실패해 완주를 포기할 수밖에 없다. 목표가 명확해야 앞으로 할 일을 분명하게 알 수 있다.

## ● 업무스킬 업그레이드하기

공기업에 다니는 윤상일 씨(50세)는 퇴근 후에 노무사 자격증을 따기 위해 학원에 다니고 있다. 인사부서에서 회사의 노무문제를 담당한 경험을 살려 퇴직 후에는 친구의 노무법인에서 일할 계획을 갖고 있다. 자격증을 취득하기 위해 공부하면서 자신의 업무능력을 높이고, 퇴직 후를 대비할 수 있는 일석이조의 포석이라고 생각하고 있다.

50대 직장인이라면 정년 후에 어떻게 해야 할지 모르기 때문에 불안을 느낄 때가 많다. 지금 회사에 경영상 문제는 없지만 다가올 퇴직을 생각하면 막연한 불안감이 몰려온다. 어떻게 해야 할지 막막하다. 구체적인 대책을 세우지도 못한 채 시간만 흘려보

새로운 나를 찾는 커리어 솔루션

낸다. 밖에서 특별히 내세울 자신만의 스킬이 없다고 스스로 느낀다면 자신감도 떨어진다. 이제 확실히 회사에서 밀려나고 있다고 생각한다. 아무런 대책도 없이 그대로 있으면 미래에 대한 희망이 없을 것 같다.

현재 회사에서 업무능력과 성과를 인정받으며 승승장구하는 사람도 있다. 앞으로 다가올 퇴직을 남의 일처럼 생각하는 사람도 있다. 급변하는 경영환경 속에서 예상치 못한 일이 자주 일어난다. 언제든 회사에 예상치 못한 경영위기가 발생해 희망퇴직이 실시될 수도 있다. 현재 어떤 업종이건 경영환경이 급변하고 있다. 오로지 믿을 것은 자신의 스킬뿐이다. 만일을 대비해서라도 잘 나가는 사람들도 스킬을 보완하고 점검해 두어야 한다. 재직 중에 오랫동안 업무스킬을 탄탄하게 익혀둔 사람은 비교적 쉽게 전직할 수 있다. 회사 밖에서도 통용되는 스킬이라면 전직 가능성을 더욱 높일 수 있다.

한 회사에서 일을 잘하는 사람이라도 다른 회사와 직종에서 인정받기는 쉽지 않다. 현재 자신의 스킬이 재직 중인 회사에서만 통용되기 때문이다. 적어도 50대 직장인이라면 현재 자신의 스킬이 회사 밖에서 통용될 수 있는지 깊이 고민해봐야 한다. 자신의 인생을 좌우할 커리어 개발에 필요한 스킬을 점검한다는 점에서 중요한 의미가 있다. 이를 위해 먼저 자신의 스킬을 다시 점검하고 정리해볼 것을 권한다.

보유한 스킬을 점검하는 것만으로 충분하지 않다. 이미 갖추고 있는 스킬을 보완하고, 강점은 더욱 키우는 작업이 필요하다. 출중한 스킬을 갖고 있더라도 자신의 능력을 활용하는 기업의 니즈에 맞는 형태로 바꿀 필요도 있다. 퇴직 후에 재취업을 생각한다면 채용기업에서 원하는 스펙에 맞출 필요가 있다.

예를 들어 금융회사에서 일한 사람이 의료기구 판매업체로 전직할 때 "무엇을 할 수 있습니까?"라고 물어보면 대답하기 어렵다. 금융회사에서 일하면서 익힌 스킬을 정리해서 다른 업종에서 어떻게 적용할지 언어로 전달하는 것은 매우 어렵다. 오랫동안 익힌 스킬을 자신 있게 제시할 수 있는 프리젠테이션 능력을 익히는 노력을 해야 한다. 그렇게 하려면 자신의 스킬을 객관적으로 바라보는 작업이 필요하다. 그리고 회사 밖에서 일하기 위해 부족한 스킬을 적극적으로 몸에 익혀야 한다.

기술혁신으로 과거의 지식은 빠르게 퇴화되고 있다. 30대, 40대에 일을 잘했던 사람도 50대에 자신의 기술이 통하지 않는 상황이 종종 일어난다. 최신 기술을 배우고 무장한 직장의 후배들을 지도하거나 조언해주기 어렵다. 50대에 새로운 지식과 기술을 배워도 절대 늦은 것이 아니다. 현재 아무리 유능한 사람도 장래를 대비해 시대에 맞는 스킬을 배워야 한다. 그렇지 않으면 당

새로운 나를 찾는 커리어 솔루션

분간 현재의 능력을 인정받을 수 있겠지만, 언젠가는 그 능력이 통용되지 않을지도 모른다. 앞으로 5년, 10년 후에 자신의 전문 분야의 트렌드와 기술 변화에 주목하고, 그 변화에 맞춰 미리 필요한 스킬을 개발해야 한다. 5년, 10년 후를 대비하여 준비하는 사람만이 승리할 수 있다.

동경대 경제학과의 노리유키 교수는 인생 100세 시대에는 20~40세, 40~60세, 60~75세까지 인생을 3단계로 구분하고 각 단계마다 능력과 스킬을 업그레이드해야 한다고 말한다. 40세가 되면 커리어를 점검하고 재교육을 받아야 한다. 기술혁신 시대에 20대에 배운 기술만으로 평생을 먹고살던 시대는 지났기 때문이다. 20년마다 재학습을 통해 기술을 업그레이드하여 오랫동안 일할 수 있는 경쟁력을 갖춰야 한다고 주장한다. 결국 오래 일하고 싶다면 자신의 능력과 기술을 갈고닦아야 한다. 60세 이후 커리어를 바꾸기 위해 지금부터 자신에게 투자하는 마인드가 필요하다.

실례지만 나이가 어떻게 되시나요?

## ● 경험과 지식을 체계화하기

류성재 씨(54세)는 대기업에서 10년 동안 준법감시 업무를 담당하였다. 준법 관련 서류를 작성할 때마다 법률을 찾아보면서 일해왔다. 그러나 전체의 법률 체계 속에서 그 법률이 어떤 위치에 있는지, 왜 그러한 서류를 작성해야 하는지를 머릿속에 명확하게 정리하지 못했다. 업무상 법률 내용을 숙지하고 있어도 이러한 지식은 진정한 무기가 되지 않는다. 이러한 경우는 과거 업무경험과 비슷하게 패턴화된 문제만 해결할 수 있다. 그러나 만약 다른 업종으로 전직한다면 패턴화되지 않는 다양한 문제에 부딪힌다. 이전의 업무와 크게 다르지 않지만 패턴이 다르기 때문에 자신의 능력을 어떻게 살려야 할지 모른다.

사람들은 과거의 경험을 패턴화하여 문제를 해결하려고 한다. 이러한 업무방식은 이제 통용되지 않는다. 과거에는 동일한 패턴이 나타나면 통용되었다. 우리는 학교에서 이런 문제는 이런 방식으로 풀어야 한다는 식의 패턴화된 교육을 받았다. 시험문제가 패턴화되었기 때문에 그렇게 풀도록 교육한다. 지금과 같이 불확실한 시대에는 단순한 패턴이 통하지 않는다. 현장에서 패턴화할 수 없는 문제가 계속 일어난다면 결국 잘못된 판단을 내릴 수밖에 없다.

30년 동안 일해온 중장년층은 다양한 경험과 능력을 갖고 있다. 업무 경험을 통해 얻은 지식은 매우 강력하지만 체계가 세워져 있지 않다. 머릿속에 산만하게 정리되지 않은 상태로 남아 있다. 이러한 경험과 능력은 원석과 같다. 원석은 잘 닦고 다듬어야 강력한 무기가 된다. 아무리 탁월한 능력을 갖고 있더라도 그 능력을 정리하지 않으면 보석이 될 수 없다. 흩어진 정보를 정리하는 작업을 해야만 경험에서 얻은 능력과 지식이 비로소 무기가 된다. 정리해두면 다양한 변화상황에 대응할 수 있다. 학문적으로 체계화하면서 자신의 무기로 만드는 것이 중요하다. 직장의 업무 경험을 체계화하고 필요한 지식을 익히는 것은 새로운 커리어의 선택에 도움이 된다. 장래 커리어와 관련된 분야를 공부하면서 지식을 정리하고 참신한 아이디어도 얻을 수 있다. 체계적으로 배우는 과정에서 생각의 폭도 넓어진다. 학문은 여기저기 점으로 흩어져 있는 산만한 지식을 면으로 체계화하는 기능이 있다. 어지럽게 흩어진 정보를 정리하면서 학문을 배우는 상쾌함도 맛볼 수 있다. 학문은 다양한 분야가 있다. 어떤 직업이나 직무라도 학문적으로 지식체계를 세울 수 있다. 학문적으로 체계화하면서 자신이 경험한 것을 확실히 이해하게 된다. 그리고 이론과 경험이 결합해 현장에서 더 큰 능력을 발휘하게 된다.

인생이 길어지면서 배울 시간도 많아졌다. 대학도 많고 전공도 다양해졌다. 배울 의지만 있다면 언제든지 배울 수 있는 시대다. 그러나 학문을 활용하는 직장인은 그렇게 많지 않다. 직장의 바쁜 업무에 쫓겨 배울 시간이 없는 사람도 있다. 배우지 않아도 직장의 업무를 처리하는 데 문제가 없다고 생각하는 사람도 있다.

디지털 시대에 모든 업종에서 과거의 지식과 업무 경험은 빠르게 퇴화되고 있다. 5년 전에 배운 업무지식이 지금은 통용되지 않고 있다. 새로운 지식으로 무장하는 것은 직장수명을 연장하는 가장 효과적인 무기다. 또한 퇴직 후에 새로운 커리어를 선택할 때 필수적인 요소다.

업무 경험이 풍부한 중장년층이 학문을 배우면 그 지식을 더 체계화할 수 있다. 현장에서 경험한 후에 배우면 지식의 전체적 맥락을 빨리 파악할 수 있다. 반면 학생들은 지식을 먼저 배우고,

취업 후에 현장을 경험한다. 경험이 없는 상태에서 배운 지식은 빨리 잊어버린다. 경험과 연결되지 않고서는 절대 체계화되지 않는다. 이제 나이와 관계없이 다시 배우는 적극적인 자세가 필요하다. 누구나, 언제든지 필요할 때 배울 수 있는 재학습 사회를 구축해야 한다.

선진국에서는 다시 배우는 것을 당연하게 생각한다. 북유럽 국가는 해고가 자유롭지만 그 대신 실직자에게 많은 수당을 준다. 실직자는 그 실업수당의 일부를 재학습에 투자해 능력을 업데이트한다. 단순히 생계용 자금을 주는 것이 아니라 취업능력을 높이는 교육자금으로 활용된다. 우리도 실직자에게 재학습에 필요한 교육자금을 지원하는 선진국의 사례를 배워야 한다.

지금처럼 환경변화가 심한 시대에 필요한 대책이다. 환경변화가 심하고 기술혁신이 빠른 시대에 재학습을 하지 않으면 70세까지 계속 일할 수 없다. 새롭게 변하는 환경에 맞춰 계속 일을 하려면 당연히 새로운 능력이 필요하다. 더 오래 일하기 위해 시간을 투자해 배워야 한다. 눈치보지 않고 사회(직장)와 학교를 오가는 모습을 매우 자연스럽게 생각하는 조직문화을 만들어야 한다. 회사도 직원들이 학교에 가서 새로운 지식을 배울 수 있도록 적극적으로 지원해야 한다. 성장시대에는 회사에서 업무를 배우는 것만으로 충분했다. 그러나 지금은 회사뿐만 아니라 개인도 치열한 경쟁을 벌이고 있다. 회사는 과거처럼 성장하지도 못하고 수익이 많이 나지 않기 때문에 이젠 직원들도 지금까지 해본 적이 없는 업무를 처리할 능력을 갖춰야 한다. 한 가지 직업교육만으로 빠른 시대에 대응할 수 없다.

# ● 외부의 동료집단 만들기

동물원의 맹수는 사육사의 말을 잘 듣는다. 사냥하지 않아도 때가 되면 먹이를 주기 때문이다. 만약 먹이를 주지 않으면 맹수는 우리를 부수고 뛰쳐나오려고 할 것이다. 먹이를 받아먹으면서 거친 맹수의 야수성을 잃어버린다. 동물원 우리에서 당장 준비없이 나가면 사냥능력이 없어 굶어 죽을지도 모른다.

직장인도 다를 게 없다. 회사의 말을 듣는 조건으로 승진과 급여라는 혜택을 받았다. 그런데 50세가 넘으면 회사는 그러한 혜택을 줄이거나 중지하려고 한다. 누구나 60세 정년 후에는 일단 야인으로 돌아간다. 그렇다면 직장인은 밀림에 있는 맹수와 같이 야수성을 살릴 수밖에 없다. 특히 50대라면 이제 오랫동안 잠자던 야수성을 드러낼 때다.

"지금 나가면 마땅히 할 게 없어요. 회사에서 나가라고 할 때까지 버틸 겁니다. 회사에서 시키는 대로 하면 정년까지 문제없을 거예요." 대기업의 부장으로 일하는 J씨(55세)의 말이다. 50세가 넘어 특별한 전문분야가 없는 것 같아 불안하기만 하다. 약 30년 동안 여러 부서를 옮기며 일해 왔지만 자신 있게 내세울 능력이 없는 자신을 초라하게 느끼고 있다. J씨처럼 생각하는 50대 직장인들이 많다. 지금까지 소속된 회사에서 오래 일하면서 현재의 회사가 인생의 전부인 것처럼 생각했다. 소속된 회사의 시스템에 따라 일을 할뿐 어떤 의문도 갖지 않았다. 회사가 제시한 비전을 믿고 목표를 달성하면 보상을 받을 수 있었다. 개인의 일상생활이 회사 중심으로 얽매여 있고, 회사를 떠나서는 아무것도 생각할 수 없었다. 설사 술자리에서 회사를 비난해도 늘 머릿속으로는 회사에 대한 깊은 믿음이 있었다.

회사에 강한 귀속의식을 갖고 늘 똑같은 회사 동료들과 식사하고 회식을 했다. 같은 회사 동료는 동일한 가치관을 갖고 있기 때문에 서로의 심정을 잘 알고, 커뮤니케이션하기도 쉽다. 공통의 화제가 있기 때문에 함께 있으면 편하다. 회사에 대해 불평하거나 상사에게 푸념해도 감정을 해소하고 재충전하는 행위와 같았다. 이렇게 같은 조직에 소속된 사람만 모이는 게 일반적이다. 그

새로운 나를 찾는 커리어 솔루션

러나 같은 회사 동료들과 한정적인 관계만을 가지는 사람은 사고와 행동범위가 제한된다. 이런 경향은 오래 근무할수록 더 강해진다.

비록 회사에 근무하고 있더라도 외부의 객관적인 관점으로 자신의 역할을 바라볼 필요가 있다. 좁은 회사라는 울타리를 벗어나 회사 밖의 사람들과 교류하면서 넓은 시야와 관점을 가지는 것이 좋다. 때로는 의도적으로 소속된 회사 이외의 사람들과 만나는 것이 중요하다. 외부의 관점으로 바라보면 현재 회사 내부의 관점으로 깨닫지 못한 의외의 자신을 발견할 수 있다. 자신의 존재를 객관적으로 바라볼 수 있다면 현재 회사에서 맡고있는 직책이 아니라 세상 속의 역할이 보인다.

자신의 시장가치를 생각할 때 이러한 관점은 매우 중요하다. 한 회사에서 아무리 높은 자리까지 출세해도 더 넓고 치열한 바깥 세상에서 통용되지 않을 수 있다. 차장 또는 부장, 임원이 되어도 그것은 결국 좁은 세상의 일이다. 결코 교만해서는 안 된다. 외부에 눈을 돌려 퇴직 전부터 활동반경을 넓혀 나가야 한다. 적어도 한 쪽 발은 항상 회사 밖에 두고 생활한다는 정신이 필요하다. 세상의 본질을 제대로 살피기 위해서도 필요한 자세이다. 퇴직 후를 대비해 자신의 커리어를 객관적으로 파악하기 위해서도 중요하다.

그럼 어떻게 외부로 관점를 전환할 수 있을까? 개인이 회사 밖의 네트워크를 형성해 나가는 것도 중요하지만, 회사도 직원들에게 넓은 관점을 갖도록 지원해야 한다. 일본의 일부 기업은 채용이 확정된 신입사원을 대상으로 다른 회사에서 업무체험 교육을 실시하고 있다. 입사 전에 체험한 타사의 업무체험은 취업 후 넓은 시야를 갖추는 데 도움을 준다. 이는 회사의 큰 자산으로 돌아올 것이다.

일본 대기업에 '출향'이라는 인사제도가 있다. 인력을 효율적으로 활용하는 수단으로 현재 근무하는 회사의 신분을 유지하면서 자회사나 관계회사에서 일하는 것이다. 직원은 자회사에 파견되면 본래의 업무와 관련된 일을 한다. 최근에는 업종에 구애받지 않고 다양한 회사에 파견하고 있다. 지금의 회사와 다른 다양한 업무를 체험할 기회를 주어 넓은 시야를 갖춘 인재를 육성하려는 취지다. 직원들은 다른 조직의 직원들과 교류하면서 자극을 받고 배우면서 소속 회사에서 체험할 수 없는 세상을 이해할 수 있다. 지금까지와 다른 관점에서 사물을 바라보고 생각할 수 있다면 일상적인 업무에도 긍정적인 영향을 미친다.

또한 자신과는 다른 업무나 경력을 가진 다양한 연령대의 사람들과 수평적으로 교류할 수 있는 외부 모임에 참석하는 것이다. 이러한 모임은 회원이 어떤 사람인지 중요하지 않다. 동일한 뜻

새로운 나를 찾는 커리어 솔루션

과 관심을 가진 사람들이 모여 있을 뿐이다. 이렇게 연령, 성별, 소속, 가치관 등이 다른 다양한 사람들과 자주 만날 기회를 가지면 인간의 다양성을 배울 수 있다. 다른 사람의 가치관과 관점을 배우고, 그러한 가치관을 존중할 수 있다. 그리고 외부 네트워크와 교류하면서 관점이 넓어지고, 자신의 위치와 역할에 대해 더욱 깊이 생각하는 계기가 된다.

퇴직을 맞이하면 지금까지 일해온 회사라는 세계가 갑자기 없어진다. 회사에서 퇴직하면 동료들도 연락이 끊어지기 쉽다. 회사 외에 갈 곳이 없는 사람에게는 고독감이 밀려오고 무기력한 상황에 빠져든다. 이러한 상황에 빠지지 않으려면 퇴직 전부터 의식적으로 외부로 눈을 돌려야 한다. 지금부터 한두 개의 외부 조직에 참여해보라. 취미나 특기 모임, 배우는 모임, 종교활동, 봉사활동 등 뭐라도 좋다. 외부 세계에 적극적으로 참여하다 보면 퇴직 불안이 말끔히 사라진다. 또한 외부의 인맥과 인연을 맺으며 새로운 커리어의 가능성을 탐색할 수 있다. 지금 당신이 소속된 회사보다 세상은 훨씬 넓다. 외부의 넓은 세계로 눈을 돌려 다양한 삶의 모습을 보면서 장래의 꿈과 가능성을 펼쳐보라.

실례지만 나이가 어떻게 되시나요?

## ● 내부 동료집단 만들기

40대 중반이 되면 장래 커리어를 생각해야 한다. 아직 퇴직까지 시간이 많이 남았지만 앞으로 무엇을 하며 살아갈지 은연중에 생각한다. 그러나 대부분 사람들은 앞으로 어떤 일을 해야 할지 모르는 상태에서 시간을 보낸다.

이런 사람은 먼저 두 가지를 생각해야 한다. 첫째, 장래 커리어에 대비해 어떻게 지식과 능력을 익힐 것인지를 생각해야 한다. 다양한 분야의 지식과 능력을 얻을 수 있다면 경쟁력의 원천이 된다. 무엇을 선택하더라도 지식과 능력이 부족하다면 실천하기 어렵기 때문이다. 둘째, 어떻게 전직이나 창업의 기회를 만들어 갈 것인지 생각해야 한다. 적어도 정년 전에 기회를 만들어 실천

새로운 나를 찾는 커리어 솔루션

하는 것이 중요하다. 각 연령에 따라 그 실천 방법은 다르겠지만, 능력개발과 새로운 기회를 탐색하는 것은 꼭 실천해야 한다. 이 두 가지는 회사에 의존하지 않고 자신이 원하는 커리어를 만들어가는 핵심적인 실천사항이다.

무엇보다 현재의 직장에서 일하는 동안 준비해야 유리하다. 능력개발과 외부 네트워크가 확장되면서 회사업무에도 도움을 준다. 경제적으로 안정된 상황에서 적극적이고 도전적인 목표를 추구할 수 있다.

"회사 업무도 힘들고 벅찬데, 또 무엇을 하란 말인가!" 누구나 준비의 필요성을 알지만 현실이 어렵다고 말한다. 그래도 현재의 직장에 다니면서 장래 목표를 위해 조금씩 실천해 나가야 한다. 혼자서 하려면 좀처럼 시작하기 어렵고 도중에 포기할 수 있다. 처음 시작할 때처럼 위기감을 느끼지 못하면 실행력도 떨어진다. 회사의 바쁜 업무 때문이라는 핑계로 자신을 변명한다. 실제로 회사에 다니면서 장래의 중대한 문제를 혼자서 풀어나가는 것은 매우 힘들다. 따라서 먼저 함께할 동료를 만드는 작업이 필요하다. 동료집단을 구성해 동료와 함께 전직이나 창업을 탐색하는 것이다. 또 새로운 방향을 탐색하려면 조금이라도 학습이 필요하다. 혼자서 준비한다면 무엇이 부족한지 잘 모른다. 동료는 장래에 있을 선택과 의사결정 과정에서 부족한 점을 조언하는 좋은 파트너가 될 것이다.

　사람이란 의외로 자신을 잘 모른다. 다른 사람은 곧잘 평가하지만 자신에 대해 깊이 생각한 적이 없다. 직장생활을 하면서 자신을 객관적으로 평가해 본 적이 없다. 오히려 다른 사람이 자신의 장점 또는 강점을 더 잘 알고 있다. 외부에 비치는 자신의 모습과 강점을 동료를 통해 확인할 수 있다. 동료를 자신을 비추는 거울로 만드는 것은 중요한 의미가 있다.

　그렇다면 다음의 문제는 동료를 모집하는 방법이다. 회사에서 그런 모임을 인정한다면 당당하게 참여할 사람이 많을 것이다. 그러나 세상에 그런 회사는 많지 않다. 대부분 그런 생각 자체를 못 할 것이다. 만약에 회사에서 동료모임을 만드는 것을 허용한다면 어떻게 할까? 먼저 회사에서 신뢰할 수 있는 사람을 찾아본다. 비교적 잘 알고 있고, 신뢰할 수 있는 사람이어야 한다. 가능한 한 자신의 부족한 점을 보완해 줄 수 있는 사람이면 좋다. 똑같거나 유사한 능력과 기술을 가진 사람으로 구성된 팀은 시야가 좁다. 다양한 능력을 가진 사람으로 팀을 구성하다. 우선 그러한 모임 구성에 찬성하는 2~3명의 동료를 찾아보라. 사람이 많으면 다른 사람에 의존하는 경향이 생겨 일이 제대로 추진되지 않는다. 동일한 뜻과 문제의식을 가진 사람을 찾아라. 당신과 같은 뜻을 가진 사람은 어디엔가 있다.

　　　　　　　　　　새로운 나를 찾는 커리어 솔루션

## 동료들과 능력을 확장하라

팀원이 구성되었다면 명함이 필요하다. 회사명함과 달리 나만의 명함은 신선한 느낌이 든다. 가상 회사의 명함을 타인에게 홍보수단을 활용하면서 다른 동료를 만들 수 있다. SNS를 활용하는 방법도 있다. SNS를 통해 회사를 홍보하고, 동료를 모집할 수 있다. SNS 그 자체만으로 회사의 형태를 구성할 수 있다. SNS를 통해 새로운 커리어를 만들고, 적극적으로 네트워크를 넓혀가는 수단으로 활용해보자.

또한 동료그룹과 함께 능력을 개발하거나 사업계획도 작성한다. 먼저 사업에 필요한 새로운 능력과 기술을 익혀야 하는 것을 전제로 한다. 적어도 1~2년 동안 능력개발 목표를 세워본다. 우선 어떤 능력이 필요한지 점검해보아야 한다. 동료들과 토론하면서 어떤 능력이 필요한지 조언을 받는다. 앞으로 익혀야 할 능력은 크게 확장시킬 능력, 보완할 능력, 관련 업계의 능력 등으로 구분해 익혀 나간다.

예를 들면 현재 회사에서 재무 분야를 담당한 사람이 노무 관련 법률을 공부하면, 중소기업에서 필요로 하는 많은 업무를 담당할 수 있다. 현재 회사의 팀이나 자신에게 없는 부족한 능력을 익혀 나간다. 자신의 부족한 능력을 보완하고 더욱 많은 인맥을 형성할 수 있다. 능력이 확장되면 더 많은 기회를 얻을 수 있다.

실례지만 나이가 어떻게 되시나요?

영업경험이 풍부한 사람이 회계업무도 잘할 수 있다면 전직 기회가 훨씬 많아진다. 엔지니어는 경영에 관련된 분야를 학습하면 큰 도움이 된다. 동료들과 필요한 능력을 토론하면서 시장가치를 높여나가는 기회로 활용한다. 하나의 회사를 만들 때 나에게 어떤 능력이 필요한지 생각하면서 능력을 확장해 나간다.

필요한 능력과 기술을 익히려면 최소한 1~2년 걸릴 것이다. 회사는 일정한 업무량과 업무시간을 요구하고 있기 때문에 여유 시간을 쪼개서 투자시간을 조금씩 늘려나가야 한다. 회사의 본업 이외의 남은 시간과 노력을 투자할 수밖에 없다.

## 동료그룹의 목표를 만들어라

1~2년간 능력을 익힌 후에는 어떻게 할까? 배운 능력을 활용하기 위한 목표를 세운다. 단순한 학습 동호회와 달리 목적의식이 있는 모임이다. 분명한 목표를 설정하는 것이 능력개발의 중요한 동기가 된다. 동료그룹에서 충분한 능력과 경험을 쌓은 후 창업한다는 목표를 세워본다.

사람은 원하는 구체적인 목표를 실천할 때 가슴이 뛰는 법이다. 가슴 뛸만한 꿈과 목표는 강력한 동기부여가 된다. 어느 정도의 위기의식도 필요하다. 직장생활에 안주하며 정년까지 그냥 버틴다는 자세로는 위기의식이 생기지 않는다. 장래 커리어를 준비

새로운 나를 찾는 커리어 솔루션

할 시간이 얼마 남지 않았다는 위기의식은 목표달성을 위한 추진동력이 된다. 동료그룹의 모임이 새로운 커리어를 만들기 위한 절호의 기회로 생각해야 한다.

## 사업계획을 수립한다

사업계획은 장래 하고 싶은 일을 어떻게 할지 설명한 계획이다. 퇴직 후 창업에 대비하여 무엇을 할 수 있고, 어떻게 활동할지를 구체적으로 담은 계획이다. 처음 사업계획을 세울 때는 의욕이 넘치기 때문에 달성할 목표치도 높다. 보통 사업계획이라면 과장된 수치와 미사여구로 가득 차 있다. 회사에서 매년 사업계획을 수립해도 목표대로 잘되지 않은 경우도 많다.

변화무쌍한 시대에 사업계획의 무용론을 주장하는 사람도 많다. 그래도 사업계획이 필요하다. 사업계획을 작성하면서 사업의 다양한 측면을 생각한다. 수치목표라도 그 목표를 어떻게 달성할지 구체적인 전략도 생각해야 한다. 사업계획을 작성해본 경험이 있는 동료가 있다면 좋다. 필요하다면 동료그룹에 사업계획을 수립한 경험이 있는 인력을 뽑을 필요가 있다.

또한 동료들과 사업계획 수립 방법, 경영관리 방법 등을 학습 목표에 추가하는 것도 좋다. 지금까지 전혀 경험이 없는 분야를 학습하는 것은 매우 힘든 일이다. 그러나 장래 꿈과 목표를 위해

실례지만 나이가 어떻게 되시나요?

투자할만한 충분한 가치가 있다.

## 전직도 팀을 구성하여 준비한다

전직 활동은 고독한 싸움이다. 의지할 데 없이 오로지 혼자서 생각하고 준비하고 선택하는 과정이다. 혼자서 준비하는 전직 활동은 단점이 많다. 정보도 부족하고 전직하고 싶은 기업이 자신에게 적합한지 판단하기 어렵다. 전직 활동을 함께하는 동료그룹이 있다면 이러한 문제를 해결할 수 있다.

보통 직장인들은 혼자서 일한 사람은 적다. 특정 사업부나 부서에서 팀으로 동료들과 보조를 맞춰 일한다. 이렇게 동료들과 함께 일하는 방식에 익숙한 직장인들은 갑자기 혼자서 전직을 준비하면 불안감과 두려움을 느낀다. 이전에 전직 경험이 없이 한 회사에서 팀으로만 일했던 사람이 혼자서 전직을 준비하면 시행착오를 많이 겪는다.

최근 일부 대기업은 퇴직예정자에게 전직을 지원하는 전담조직을 운영하고 있다. 회사마다 명칭은 다르지만, 이러한 조직은 대개 직원들에게 정기적으로 생애설계 교육과 상담 서비스, 전직 정보 등을 제공하고 있다. 인력채용을 중시했던 과거와 달리 직원들의 퇴직과 전직을 지원한다는 점에서 긍정적인 의미가 있다. 지금은 생애설계 교육에 치중하고 있지만, 장래에는 다양한 전직

지원 프로그램을 운영하면서 그 역할을 확대해 나가길 기대해본다. 직원을 내보기 위한 프로그램이 아니라 퇴직 후 인생의 다음 단계를 준비하도록 돕는 역할이 필요한 시점이다

## 회사도 바뀌어야 한다

지금과 같은 저성장 시대에 변화가 심한 산업구조에서 실적악화, 사업변화 등으로 직원은 언제 회사에서 퇴직해야 할지 모르는 상황이다. 회사의 파산으로 불가피하게 조직을 떠나야 할 경우도 늘어나고 있다. 그렇기 때문에 회사에만 의지해 장래의 커리어를 맡겨두어서는 안 된다.

회사도 이제는 직원의 커리어를 지원하는 문화를 만들어야 한다. 노동시장의 유동성이 진행되면서 자율적으로 커리어를 만들수 있는 조직문화를 만들어야 우수한 인재를 채용할 가능성이 높아진다. 반대로 기업의 실적악화나 사업재편이 일어날 때를 대비해, 직원의 외부 시장가치를 높여두어야 전직을 권유하기도 쉽다. 쉽게 말해, 회사에 장점만 있을 뿐이다. 경영자는 장기적인 관점으로 직원의 자율적인 커리어 설계를 지원하는 마인드를 가져야 한다.

하버드 비즈니스 리뷰지의 한 논문(「The Existential necessity of Midlife Change」)은 인구 고령화에 따라 중년기의 직장인은 불

가피하게 커리어를 바꿀 수밖에 없다고 지적하였다. 그리고 앞으로 기업은 직원들의 커리어 설계를 지원하는 3가지 인사정책을 시행해야 한다고 제언했다. 첫째는 현재의 업무에 도움이 되지 않는 지식과 기술이라도 습득할 수 있도록 독려하기 위한 금전적 지원을 하는 것이다. 둘째는 외부조직의 프로젝트에 참가하도록 유도하는 것이다. 셋째는 제2커리어를 준비하도록 전문 컨설턴트와 함께하는 상담 프로그램을 제공해야 한다는 것이다. 이와 같이 직원이 회사의 지원을 받아 전문가로 성장하면 그 자체가 회사의 자산이 된다. 또한 직원이 자신감을 갖고 일하면서 회사에 커리어를 맡겨두지 않는다. 회사문화에 지나치게 동화되지 않고 균형감각을 갖춘 인재로 성장한다. 결과적으로 조직의 생산성도 따라서 올라간다.

회사는 직원의 자립과 자율을 중시하는 형태로 조직을 운영해야 한다. 그리고 창업과 전직을 위한 능력개발 기회를 제공해야 한다. 직원의 커리어를 지원하는 조직문화는 회사의 생존방식과 직결된다. 평생직장이 끝난 시대에 회사 밖으로 나가서 살아갈 수 있는 능력을 익히도록 지원하는 것이 회사의 책임이다. 그러한 능력이 회사 밖에서도 통용된다면 직원은 더 열심히 배울 것이다. 직원의 동기부여, 그리고 능력향상, 정보 습득 등은 회사의 업무에도 긍정적인 영향을 미칠 것이다. 앞으로 회사는 보다 넓은 관점을 가지고 직원을 위한 커리어 지원 제도를 만드는 것을 중요한 경영철학으로 받아들여야 한다.

## ● 범용스킬을 활용하기

　직장인이 커리어를 개발할 때 전문분야의 능력, 커뮤니케이션 능력, 업무추진 능력 등은 매우 중요한 요소이다. 오랫동안 일한 업계와 직종에서 갈고닦은 전문능력은 자신의 시장가치를 입증하는 가장 강력한 기반이다. 그러나 아무리 전문능력이 뛰어나더라도 업무상 이해관계가 있는 동료나 다른 부서 또는 협력회사 등 주변 사람들과 잘 협력할 수 없는 사람은 그 능력을 제대로 발휘할 수 없다. 또한 업무를 잘 마무리하지 못하거나 일정관리 능력이 부족한 사람은 업무추진 능력을 인정받기 어렵다.

　범용기술portable skill이란 업종과 직종이 바뀌어도 통용되고 활용할 수 있는 능력을 말한다. 커뮤니케이션 능력과 업무추진 능력은 업계뿐만 아니라 다른 곳에서도 통용되는 중요한 스킬이다. 경험이 풍부한 중장년층이라면 다른 업종에서도 통할 수 있는 다양한 범용기술을 갖고 있다.

현재 전직이 당연한 시대에 고용도 계속 변화하는 추세이다. 기술혁신과 세계화가 빠르게 진행되면서, 국내외 기업들은 경쟁에서 이기기 위해 다양한 문제를 해결할 수 있는 인재들을 필요로 하고 있다. 또한 특정 업종에 얽매이지 않고 폭넓게 활약할 수 있는 인재를 찾고 있다. 따라서 범용스킬을 중시한 채용을 우선시하고, 인사고과에도 이를 적극적으로 반영하고 있다. 이러한 경영환경에서 범용스킬을 가진 사람이 능력을 발휘할 수 있는 분야는 점점 넓어지고 있다. 중장년층은 이러한 전직시장의 흐름에 관심을 가질 필요가 있다. 현재 업종의 전문능력에만 집착하지 않고 다른 업계로 눈을 돌리면 기회가 훨씬 많기 때문이다. 자신의 범용 스킬을 중심으로 과거의 커리어를 점검한다면 강점을 발견할 수 있다. 이를 통해 자신의 강점을 다른 업계에서 적극적으로 활용할 수 있는 기회를 찾아보길 바란다.

나이가 많아질수록 전직 기회는 줄어든다. 불확실한 시장환경에서 언제 전직해야 좋은지 알 수 없다. 가능한 한 일찍부터 이러한 환경에 대비할 필요가 있다. 정년 후를 대비해서라도 전직을 염두에 두고 준비하는 게 좋다. 그럼 무엇을 어떻게 하면 대비할 수 있을까? 40대 이후에도 다른 회사로 전직에 성공한 사람들의 공통점을 살펴보면 도움이 될 것이다.

첫째, 전문분야에서 풍부한 업무 경험과 스킬을 가져야 한다. 무엇보다도 전문분야의 능력을 인정받아야 한다. 전직에 성공한 사람들은 영업, 인사, 경리 등 자신의 핵심적인 커리어 분야에서 확고한 기반을 가지고 있다. 자신의 경험과 능력을 다른 업계에 적극적으로 알려내고 활용하려고 시도하였다. 예를 들어 의약품 영업을 했던 H씨는 지방의 요양시설 책임자로 전직하였다. 의사를 대상으로 한 매우 힘든 영업에서 단련된 고객대응 능력을 범용기술로 인정받은 것이다. 입주자 가족의 요청이 쇄도하는 요양시설에서 그 능력을 살릴 수 있다고 평가받았다. 요양시설에서는 의약품 지식보다 제약회사의 영업능력을 높이 평가한 것이다.

둘째, 뛰어난 커뮤니케이션 능력을 가져야 한다. 현재 대부분 기업은 젊은 세대, 비정규직 직원, 외주 인력 등 다양한 사람들로 구성되어 있다. 회사에 채용이 되면 이해관계와 환경이 서로 다른 사람들과 함께 일을 추진해야 한다. 관리자는 다양한 사람들의 입장을 이해하고, 함께 목표지점에 도달할 수 있도록 조율해야 한다. 그래서 다른 사람에 대한 흥미와 관심, 사람을 이해하는 능력, 사람의 심리를 파악하는 능력 등은 중장년층이 전직할 때 중요하게 평가받는 핵심 요소이다.

셋째, 유연성과 변화적응력을 갖춰야 한다. 중장년층은 빠른 환경변화에 잘 적응하지 못한다고 평가받는다. 성격이 완고하고 과거의 성공체험에 얽매여 상황을 파악하지 못한다는 것이다. 기업도 나이가 들면서 유연성이 떨어진다는 선입견을 갖고 중장년층의 채용을 기피하고 있다. 이러한 부정적인 평가에서 벗어나려면 스스로 과거에 성공체험에서 벗어나 새로운 과제와 기술 등을 개발하는 것이 중요하다.

모진국 씨(56세)는 금융업계에서 오랫동안 영업관리자로 근무했다. 일 년 전 임금피크제에 들어가면서 본사의 대출 관련 부서로 이동했다. M씨는 담당업무가 마음에 들지 않고, 임금피크제로 급여도 줄어 일에 대한 의욕이 줄었다. 때마침 퇴직한 선배가 호텔과 레스토랑을 운영하는 회사를 소개해주었다. M씨는 급여가 줄어들더라도 영업 현장에서 일하고 싶어서 전직을 결심했다. 지금까지 경험한 금융업계와는 전혀 다른 세상이었다. M씨는 자신의 경험을 충분히 살릴 수 있다고 생각했다. 그 회사는 여성인력이 많다는 점이다. M씨는 전 직장에서 여성인력에 대한 관리 경험이 풍부하고 동기부여 능력이 뛰어나다는 점을 인정받았다. 이같이 중장년층은 풍부한 범용스킬을 활용한다면 다른 업계에서도 활약할 수 있다. 관리 업무 스타일에 공통점이 있다면 환영받는 경우가 많다. 관리능력으로 다른 업계로 전직하는 사례는 얼마든지 있다.

　범용스킬을 활용한 또 다른 사례를 들어보자. 김상기 씨(52세)는 제조업체에서 해외사업부의 관리자였다. 해외시장개척 경험을 살려 레저용품을 제조하는 중소벤처기업으로 전직을 결심하였다. 김씨는 법인사업부의 해외시장 마케팅 경험과 현지 기업과 교섭능력을 인정받아 벤처회사의 해외사업 총괄책임자로 채용되었다. 이처럼 김씨는 예상치 못한 업계에서 해외사업 분야의 능력을 활용하고 있다. 이러한 사례는 커리어를 특정 업계에 한정하지 않아야 한다는 것을 의미한다. 시야를 넓히면 다른 업계에서 일할 기회를 발견할 수 있다. 사람들은 편견 때문에 다른 업계를 바라보지 못한다. 막연한 선입견을 갖고 전직 전부터 많은 선택지를 포기해버린다. 선입견을 갖고 있으면 자신의 상황에 맞는 정보만 모은다. 이러한 정보에 빠지면 선입견이 더 강화하고 자기증식이 된다. 그래서 선입견에 의해 선택한 잘못된 결정을 합리화하려고 한다.

　업종을 선택할 때 갖고 있는 편견에는 이러한 것들이 있다. "규모가 작은 회사는 모두 ○○하다.", "○○업종은 시대에 뒤떨어져 비전이 없다.", "○○업무는 한 번 쓰고 버린다." 등이다. 이런 편견을 모든 업종에 동일하게 적용하려는경향이 있다. 사실과 관계없는 타인의 정보를 액면 그대로 받아들인다. 회사 경영자의

　　　　　　　　　　　새로운 나를 찾는 커리어 솔루션

인격과 경영철학, 회사연혁, 직원들의 능력 등은 각각의 회사마다 모두 다르다. 회사마다 사정이 다른 법인체인데 모든 회사를 똑같이 보고 반사적으로 배제해버린다. 물론 일부 업계와 직종에는 공통적인 특성이 있다. 그러나 실제로 그 회사에서 직접 일해봐야 명확한 차이를 알 수 있다. 업계나 회사에 대한 편견을 버리고 회사 고유의 특성과 장점을 살펴보면 생각지도 못한 곳에서 자신의 능력을 발휘할 기회가 있다. 편견이 강할수록 선택할 기업이 적어지고 운신의 폭도 좁아진다. 전직에서 가장 중요한 요소는 능력을 살리면서 행복하게 계속 일할 수 있는 것이다. 가능한 한 넓은 선택지를 확보해야 한다.

실례지만 나이가 어떻게 되시나요?

# 6장

미래를 위한 작은 실천

세상에 공짜는 없다. 초조감, 불안감을 극복해야 한다. 불안하기 때문에 시간을 투자하지 않는다. 사람은 누구라도 이렇게 허약한 면을 갖고 있다. 그러나 정말 하고 싶은 일 을 찾고 싶다면 정면으로 맞서야 한다. 시간을 투자하여 실력을 쌓지 않고 성공한 사람은 없다. 이것도 세상의 진실이다.

# ● 익숙함과 이별하라

전직시장에서 40세가 넘으면 전직하기 어렵다고 한다. 이러한 현상은 채용기업의 인력수요 때문에 발생한다. 대부분 조직은 피라미드 형태이고, 위로 올라갈수록 연령이 높아지는 구조로 되어 있기 때문이다. 40세를 넘으면 과장, 차장, 부장이 대부분이고 경력으로 채용하는 자리도 적을뿐더러 채용경쟁도 치열하다. 또한 구직자의 관점과 상황도 문제다. 보통 40세 이상이 되면 업무상 경험과 스킬이라는 커리어 자산이 쌓인다. 이러한 업무능력을 살리지 못하면 아깝다는 생각에 장래 커리어의 선택폭을 스스로 좁힌다. 굳이 다른 업종이나 직무를 선택해 위험을 감수할 필요가 없다고 판단한다.

미래를 위한 작은 실천

가족의 경제문제도 커리어 선택에 영향을 미친다. 자녀학비와 주택대출금 상환 등을 생각하면 연봉 수준은 양보할 수 없는 조건이 된다. 결국 특별한 문제가 없는 한 지금까지 익숙한 환경에서 계속 일할 것을 선택한다. 이러한 이유로 중장년층은 전직 조건을 다음과 같이 마음속으로 정한다.

- 지금까지 일해왔던 업계와 직종을 선택한다.
- 주택담보대출 등 경제적 문제 때문에 현재 거주지에서 통근할 수 있는 지역에서 근무한다.
- 현재 일하는 회사와 동일한 직책이나 그 이상을 요구한다.
- 현재 받는 연봉과 거의 비슷한 수준이거나 낮아지더라도 일정 금액 이상을 요구한다.

위와 같은 조건 이외에 전직처의 경영 건전성, 장래의 안정성, 인간관계 등을 파악하기도 하지만, 앞의 네 가지 조건을 가장 중요한 기준으로 생각한다. 어쩌면 일을 찾는 사람에게 중요하고 정당한 전직 조건이다. 하지만 이러한 중장년층의 전직 조건을 충족하는 회사를 찾기는 쉽지 않다. 만약 있다면 같은 분야의 경쟁업체밖에 없을 것이다. 요즘 기업의 상황은 어떤지 들여다볼 필요가 있다. 인사적체 상태가 점점 더 심화되고 있다. 그래서 근무한 기간이 20년이 넘은 사람도 직책이 없는 경우가 허다하다. 같은 업계의 경쟁기업은 업계의 판도를 바꿀만한 실적을 거둘 수 있는 사람이나, 그 업계에서 큰 영향력을 발휘할 수 있는 특별한 전문능력과 자격을 가진 경력자만 채용한다.

이처럼 최초에 품었던 전직 희망조건으로는 좀처럼 전직처를 찾을 수 없다. 그렇다면 복합적인 희망조건을 하나씩 분해해볼 필요가 있다. 희망조건의 우선순위와 중요성을 수치로 정리하면 도움이 된다. 우선순위가 낮은 조건부터 변경할 수 있는 범위를 설정하고, 반드시 기한을 정해두고 조건을 천천히 바꾸어 가는 것이다. 현재 수도권 지역 이외에 위치한 중견기업 중에는 경험이 많은 간부가 부족한 회사도 많다. 지역, 기업규모, 업종, 직종 등에 대한 생각을 바꾸면 얼마든지 중장년층을 필요로 하는 기업을 찾을 수 있다. 즉 현재의 희망조건에 너무 얽매이지 않는다면 선택폭을 넓힐 수 있다. 자신의 희망조건에 과도하게 고집하면 결국 전직을 포기할 가능성도 있다. 세상일은 내 뜻대로 흘러가지 않는다. 필요에 따라 유연하게 조건을 바꾸면 자신의 능력을 발휘할 장소를 발견할 것이다. 중장년층뿐만 아니라 모든 직장인들에게 적용되는 말이다.

그럼 다른 업종으로 이동해 활약하는 사람은 어떤 사람일까? 업종이 전혀 다른 분야로 전직한 사례를 들어보자. H식품제조업

미래를 위한 작은 실천

체는 품질관리 수준을 높이기 위해 품질관리부장을 외부에서 채용하기로 하였다. 품질관리 전문가를 뽑아 현장에서 식품관리 프로세스를 점검하는 업무를 맡기려고 했다. 그런데 채용된 사람은 의외로 생명보험회사의 사업부장 출신의 K씨였다. 그는 품질관리 전문가도 아니었고 식품제조업계에서 일한 경력도 없었다.

일반적으로 식품업체의 품질관리는 특수한 업무로 생각한다. 그래서 식품제조업체 역시 처음에는 동일 업계에서 품질관리 경험자를 뽑으려고 했다. 그러나 업무내용을 가만히 들여다보면 현장에서 일하는 많은 직원을 잘 통솔해야만 철저한 품질관리와 위생관리를 할 수 있는 중요한 역할이었다. 다시 말해 식품의 품질관리와 위생관리에 전문성을 가진 사람보다, 직원들이 정형적인 업무를 충실히 이행하도록 관리하는 능력이 더 중요하다고 판단한 것이다.

그래서 업계와 직종이라는 틀에서 벗어나 일상업무의 관리능력이 풍부한 채용 후보자를 찾았다. 그 결과 생명보험의 영업현장에서 많은 영업사원을 통솔했던 K씨를 만날 수 있었다. 생명보험 영업경험에서 사람들에게 동기를 부여하고, 일상업무를 관리하는 능력을 인정한 것이다. K씨 또한 이전에 해오던 업종과 직종으로 전직해야 한다는 관점에서 벗어났기 때문에 식품업체에서 자신의 능력을 발휘할 기회를 잡았다.

누구나 예상하지 못한 분야에서 경험과 능력을 활용할 수 있다. 처음에 입사할 때를 생각해보라. 입사 전부터 정해둔 업종이나 직종에서 일을 시작한 사람은 많지 않다. 많은 사람들이 자의든 타의든 지금 일하고 있는 직종을 우연한 기회를 통해 만났을 것이다. 지금도 그러한 우연한 기회가 많이 잠재되어 있다. 중장년층은 업무 경험이 풍부하기 때문에 능력을 점검하고 분해한다면 더 많은 기회가 올 것이다. 똑같은 업계와 직종의 틀에서 벗어나 새로운 분야에도 도전해볼 것을 권한다.

미래를 위한 작은 실천

# ● 커리어 개발에 시간을 투자하라

서점에 가면 노후준비에 대한 솔루션을 담은 책들이 즐비하다. 대부분 노후소득 문제를 다루고 있다. 길어진 노후가 불안하기 때문에 부족한 노후소득을 걱정하고, 조금이라도 더 노후자금을 축적하고 싶은 것이다.

사람들은 만일에 상황에 대비하여 저축한다. 물론 장래가 불투명한 노후를 위해 대비하는 것은 당연하다. 되도록 일찍부터 충분한 저축을 해야 한다. 노후를 대비한 저축만큼 장래를 대비해 투자할 것이 있다. 바로 자신의 능력향상에 투자하는 것이다. 이것은 풍요로운 제2인생을 보내기 위한 가치 있고 건설적인 투자이다.

"부(富)란 현재 갖고 있는 돈을 의미하지 않는다. 가지고 있는 돈을 모두 잃었을 때도 여전히 남아 있는 것들이다." 20대에 막대한 부를 축적하고, 억만장자가 된 로저 해밀턴의 말이다. 그는 진정한 부란 돈이 지출되어도 다시 자신에게 들어오는 '흐름'이라고 말한다. 이를 돈의 흐름을 만드는 능력이라고 말한다.

예를 들면, 당신이 1,000만 원을 갖고 있다고 하자. 퇴직 후를 대비하여 은행에 저축한다. 약간의 이자가 붙을지 모르지만 원금 1,000만 원은 기본적으로 1,000만 원 그대로 있다. 만약 생각을 바꾸어 그 1,000만 원을 능력개발을 위해 사용한다고 가정하자. IT기술을 배우거나 자격증을 따는데 투자한다면 1년에 1,000만 원만큼 많이 벌 수 있는 인재가 된다. 원금이 남아있지 않지만 1년에 1,000만 원을 벌 수 있는 능력을 갖추게 된다. 그리고 능력을 계속 사용하면서 업그레이드한다면 퇴직 후에 1,000만 원 이상을 벌 수 있을 것이다. 인플레이션으로 은행에 맡겨둔 1,000만 원은 그 가치가 떨어질 우려가 있다. 그러나 사람의 능력은 화폐가치와 달리 영향을 받지 않는다. 배운 능력이 3,000만 원을 벌 수 있는 능력으로 평가받을 수 있다. 돈을 투자하여 장래 커리어에 필요한 능력을 갖추는 것도 건전한 자산운용이라고 말할 수 있다.

휴일에 어떤 목적의식이 없으면 시간이 순식간에 지나간다. 아무런 의미도 없이 훌쩍 지나버린 시간은 정말 아깝다. 그렇다면 휴일을 커리어 개발 시간으로 활용해보자. 커리어 개발이라는 목적을 두고 시간을 배분한다. 주 2일의 휴일을 오전, 오후, 저녁이라는 3개의 시간대로 구분한다. 그리고 6개의 시간대로 다시 쪼개면 각 시간대를 어떻게 보낼지 고민하게 된다. 6개의 시간대를 가족 서비스에 2개, 취미에 1개, 나머지 3개를 커리어 개발에 활용하는 것이다. 각 시간대에 무엇을 할지 가족과 공유하면 배우자와 자녀도 지원해줄 것이다. 이렇게 목적을 갖고 적극적으로 시간을 관리하면 계획적이고 의미 있는 시간을 보낼 수 있다.

## 포기하는 순간 가능성은 사라진다

어떤 목표도 포기하는 순간 꿈과 가능성은 완전히 사라진다. 포기하지 않는 한 아무리 어려운 과제라도 가능성은 살아 있다. 설령 그 가능성이 0.001%라도 0%에 비교하면 엄청난 차이가 있다. 중장년층의 커리어 성공사례를 소개하면 자신과 거리가 먼 특수한 상황이라고 생각한다. 그렇게 생각하면 내 삶의 가능성을 찾을 수 없다. 하지만 누군가 해냈다는 것은 나도 할 수 있다는 것이다. 주위를 보면 나이가 들어서도 꿈에 도전한 사람은 얼마든지 많다.

오래전부터 품어온 꿈을 펼 수 있는 충분한 시간이 있다. 그 꿈을 돌아보고 지금의 당신이 그 꿈을 어떻게 이룰지 생각해보라. 과거의 커리어에 그 꿈을 향하는 길이 숨어 있을지 모른다. 지금까지 쌓아온 지식과 기술을 살려 다른 형태로 꿈을 이룰 수 있다. 퇴직 전부터 커리어 목표를 정해 미리 실천하는 것이 좋다. 중요한 것은 꿈을 이루고 싶다면 절대 포기하지 않는 것이다. 좋아하는 것을 일로 하고 싶다면 충분한 시간을 투자해야 한다. 자격을 취득하거나 실력을 쌓는데 많은 시간이 걸린다. 사람들은 시간이 걸리기 때문에 피한다. 좋아하는 일을 하고 싶지만 나이를 탓하면서 실력을 쌓을 수가 없다고 생각한다. 또한 시간을 투자한 만큼 성과가 나오지 않을까 봐 두렵고 초조해진다.

심리학자들은 이러한 현상을 '시간의 절박감'이라고 한다. 지금부터 자격을 취득하고 새로운 능력을 익힌다면 적어도 3년은 걸릴 것 같다. 그 일을 시작할 때는 60세가 된다. 그때가 되면 배운 것을 써먹을 수 있을지 확신하지 못한다. 이러한 두려움 때문에 한시라도 빨리 먹고살 수 있는 일을 찾는다. 시간을 투자해 자격증을 취득하고 공부까지 했는데 먹고 살 수 없다면 어떻게 할까? 이런 불안감 때문에 좋아하는 일이나 진정으로 하고 싶은 일을 발견하지 못한다. 시간을 투자해도 아무도 성공을 보장하지 못한다. 이것은 세상의 진실이다.

반대로 말해 좋아하는 일에 시간을 투자하지 않고도 바로 먹고 살 수 있을까? 세상에 그런 공짜는 없다. 초조함과 불안감을 극복해야 한다. 정말 하고 싶은 일을 찾고 싶다면 정면으로 맞서야 한다. 대단한 용기가 필요하다. 시간을 투자해 실력을 쌓지 않고 성공한 사람은 거의 없다. 이것도 세상의 진실이다.

실례지만 나이가 어떻게 되시나요?

# ● 장래 상황을 시뮬레이션하라

인간은 항상 장래에 어떻게 될지 의문을 갖고 미래를 예측하고 예언하는 문화를 갖고 있다. 그만큼 미래 사회에 대한 불안이 크기 때문이다. 인구예측, 경제상황의 예측, 기상예측 등이 그 대표적인 사례이다. 이러한 미래에 대한 인간의 궁금증으로 인해 미래학futurology이라는 학문이 탄생하였다. 미래학자들은 공학적 방법론을 이용해 현대사회 속에서 미래 사회로 가는 변화의 지점을 감지하고 찾으려고 한다.

이러한 미래학의 개념을 개인에게도 적용할 수 있다. 현재 직장에서 5년이나 10년 후 자신의 미래를 예상해보고, 그 예상에 따라 어떻게 대처할지 시나리오를 그려보는 것이다. 조직처럼 개

미래를 위한 작은 실천

인도 미래에 다양한 변동성과 가능성을 생각하는 습관이 필요하다. 경영환경 변화는 필연적으로 직장인의 커리어에 중대한 영향을 미치기 때문이다. 이러한 의미에서 직장인으로서 미래의 변동성과 가능성을 예측해보는 것은 중요하다.

예를 들면 내년에 갑자기 구조조정으로 회사를 그만두면 당장 무엇을 할 수 있는지 지금부터 생각해둔다. 3년 후, 5년 후, 10년 후에는 현재 직장에는 어떤 변화가 일어날 것이고, 그 변화에 따라 어떻게 대응할지 미리 생각하는 것이다. 이러한 환경변화와 나를 연관시켜 생각하는 습관을 가져야 한다. 특히 50대라면 미래의 환경변화에 따른 자신만의 대응 시나리오를 세워야 한다. 직장에서 일단 버티기로 마음먹었어도 만일의 경우를 항상 대비하는 자세가 필요하다.

그러나 대부분의 직장인들은 미래의 변화를 자신의 커리어 선택과 관련하여 생각하지 않는다. 현재 직장의 급여와 승진 가능성이라는 틀에 사고가 묶여 있다. 언제쯤 승진할지, 급여가 얼마나 오를지, 연말 성과급은 얼마나 받을 수 있을지 등 일상적이고 낙관적인 전망 속에서 생활한다. 그리고 현재의 회사에서 계속 일할지 아니면 퇴사할지 두 가지 방향으로만 생각한다. 현재 회사에서 만일의 경우 갑작스러운 구조조정으로 해고되는 상황을 생각하지 않는다. 회사 경영상황은 나와 전혀 관계없는 일처럼 생각한다.

앞으로 다가올 상황을 생각하는 습관은 자신의 장래를 설계하는 훈련과 같다. 세상은 낙관적인 상황만 계속되지 않는다. 직장에서도 언제까지나 계속 잘 나가는 사람은 없다. 지금은 회사와 상사의 업무지시에 따라 일하지만, 언젠가는 스스로 결정하고 헤쳐나가야 할 시기가 올지도 모른다. 뜻밖에 회사에서 구조조정이 일어나고 자신이 원치 않는 분야로 전직하는 경우도 발생할 수 있다. 그게 끝이 아니다. 결국 정년까지 일하더라도 정년 후에 스스로 장래 커리어를 선택해야 한다.

"한 치 앞도 내다볼 수 없는 상황에서 미리 시나리오를 짜두는 것은 현실성이 없어요"라고 말하는 사람도 있다. 물론 불확실한 환경에서 미래가 어떻게 될지 확신할 수는 없다. 그렇더라도 머릿속으로 자신의 장래를 그려볼 수는 있다. 어떤 비관적인 상황이 실제로 일어날 것을 예상해보는 것이다. 가상훈련을 한 것만으로 갑작스러운 사건이 생겼을 때 큰 도움이 된다. 이것은 비상시의 대피훈련과 비슷하다. 대피훈련은 만일을 대비해 자주 훈련해야 한다. 평소에 훈련하지 않으면 화재나 지진이 일어날 때 어떻게 대처해야 할지 전혀 모른다. 운동선수가 시합 전에 머릿속으로 경기장면을 시뮬레이션하는 것과 똑같은 원리다. 가상훈련을 통해 의식적으로 마음의 준비를 하고 있다면 만일의 경우에도

미래를 위한 작은 실천

침착함과 여유를 갖고 대처할 수 있다.

지금은 정년 후에도 건강하게 일할 수 있는 시대이다. 정년 후에 어떻게 일할 것인지 지금부터 생각해두어야 한다. 정년 후에 회사에서 무언가 해주겠지라고 준비 없이 막연하게 생각해서는 안 된다. 50대가 되면 일찍부터 자신의 장래 커리어를 생각해야 한다. 장래에 어떻게 될지를 생각하면서 스스로 자신의 인생을 선택하는 훈련을 해두어야 한다.

정년 후를 시뮬레이션하는 것은 그렇게 어렵지 않다. 장래의 꿈을 생각해보는 것과 같다. 자주 장래에 무엇을 할지 생각하는 습관을 들이는 것이 좋다. 예를 들어 어떤 사람은 학창 시절의 그림 그리기 취미를 살려 60세 이후에 미술작가를 꿈꿀 수 있다. 60대 이후에도 미술작가가 될 수 있다. 정년 후에 여러 분야에서 자신의 꿈을 찾고 도전해 그 꿈을 이룬 사람은 얼마든지 많다. 꿈과 목표가 있으면 어떤 준비를 해야 하고, 무엇이 필요한지를 생각하면 구체적인 계획이 그려진다. 이러한 장래의 꿈을 실현하는 방법을 그려보는 것만으로 현재의 생활이 즐거워지고, 정년 후의 인생도 조금씩 밝아진다.

진정 미술작가가 되려면 무엇을 익혀야 하고, 어떤 단계를 통해 준비할지 점차 현실적인 대책을 세워야 한다. 미술작가로서 능력을 갖추기 위해 필요한 학습, 자금계획, 꿈을 이루기 위한 구체적인 실행계획 등을 생각하는 것이다. 꿈을 현실적인 계획으로 구체화해야 헛된 공상이 아닌 미래 비전으로 바꿀 수 있다. 설사 정년 후에 그러한 기회가 오지 않더라도 제2인생을 설계할 때 이러한 가상훈련을 한다면 큰 효과가 있다.

퇴직 후에 후회하는 사람이 얼마나 많은가! 대부분 미리 준비하지 못하거나 도전하지 못한 것을 후회한다. 많은 직장인은 현재 자신의 주위에 많은 기회가 있다는 것을 잊고 산다. 당신이 하고 싶거나 되고 싶은 장래의 모습을 마음껏 그려보라. 두근거리는 마음으로 하고 싶은 것을 하고 있는 자신의 밝은 미래를 생각해보라. 그것은 당신만의 자유다.

## 구체적인 목표를 세워라

면접장에서 필수 질문이 있다. "당신은 어떤 꿈과 목표를 갖고 있습니까?" 이 질문의 답변은 합격여부를 결정할 만큼 중요한 판단기준이 된다. 당신이 퇴직 후 전직한다면 똑같은 질문을 듣게 될 것이다.

기업은 입사 후보자의 적극적 자세와 열정을 판단하려고 이러한 질문을 한다. 만약 당신이 채용담당자라면 장래의 꿈과 목표가 없이 지시하는 업무만 수동적으로 처리하는 인재를 뽑겠는가! 어느 기업이든 장래의 꿈과 확고한 목표를 가지고 이루고자

미래를 위한 작은 실천

하는 열정을 가진 적극적인 인재를 채용하고 싶을 것이다. 기업은 장래의 꿈과 목표에 대한 질문을 통해, 당신이 스스로 목표를 어떻게 설정하고 주도적으로 업무를 진행할 수 있는 인재인지 아닌지를 판단한다. 목표는 일에 몰입하는 열정의 원천이다. 이 때문에 적극적인 자세로 일할 수 있는 인재인지 아닌지는 채용의 중요한 판단기준이 된다.

지금까지 회사에서 매년 업무목표를 세웠지만 개인적인 목표를 진지하게 세워본 적이 없다. 약 15년 전 과장으로 승진 후 연수과정에서 장래의 꿈과 목표를 세우는 프로그램이 있었다. 그때는 교육과정의 일부였을 뿐이다. 50대에는 상황이 다르다. 더욱 진지하게 구체적인 장래 목표를 세워야 한다. 보여주기 위한 형식적인 목표가 아니라 진정으로 하고 싶은 일의 구체적인 목표가 필요하다. 그리고 회사에 의존하지 않고 자력으로 살아가야 할 때를 대비해야 한다.

지금과 같이 불확실한 시대에는 장래를 대비한 두 가지 목표, 장기목표와 단기목표를 세운다. 장기적인 관점에서 어떤 커리어를 갖고 어떻게 살아갈지 장기목표를 확실히 세운다. 그 장기목표에 따라 어디에서, 어떻게 일할지 단기목표를 정해두고 실천하는 자세가 필요하다. 장기목표는 장기적으로 꼭 이루고 싶은 목표를 정하고, 그 목표를 실행하면서 상황에 따라 조정해 나간다.

단기목표는 장기목표를 세분화한 작은 목표로 상황에 따라 쉽게 바꿀 수 있는 목표이다. 장기목표를 세워두면 환경변화에 따라 단기목표를 쉽게 바꾸어도 흔들리지 않고 계속 실천해나갈 수 있다. 장기목표와 단기목표를 갖고 두 가지 목표를 균형 있게 실천한다. 목표를 장단기로 구분하지 않으면 고정된 장기적인 목표에만 집착하게 된다. 그래서 목표를 수정해야 하는 상황에서도 목표를 쉽게 바꿀 수 없는 현상이 발생한다. 또한 당장 눈앞의 단기적인 일에 매몰되어 장기적인 목표를 생각하지 않는 경우도 있다. 결과적으로 퇴직 후 새로운 커리어를 선택할 때 눈앞의 현실만 중시하는 오류를 범한다. 목표를 세우는 것을 어렵게 생각하는 사람도 많다. 먼저 5년, 10년, 20년 후에 이루고 싶은 장기목표를 써본다. 머릿속으로 생각하고 있어도 막상 쓰려고 하면 자신 있게 써지지 않는다. 목표를 자신 있게 쓸 수 없다는 것은 자신의 목표가 모호하다는 의미다.

## 목표를 글로 작성하라

목표를 글로 작성하면 장점이 많다. 장래 커리어 방향을 막연히 생각해서는 어떤 변화도 일어나지 않는다. 목표를 작성하면 목표를 객관적으로 볼 수 있고, 새로운 목표의식과 함께 자신감이 생긴다. 목표의식이 생기면 목표를 실행하는 추진력을 얻을

미래를 위한 작은 실천

수 있다. 또한 목표를 구체적으로 가시화할 수 있다. 머릿속의 모호한 목표를 언어와 글로 작성할 때 목표 자체가 더욱 선명해지고 구체화된다. 목표는 완벽하게 작성할 필요는 없다. 실천하며 계속 수정하면 된다. 장래 하고 싶은 일을 생각하면서 편하고 가벼운 마음으로 써보라.

## 두 번째 명함으로 인생의 정체성을 찾아라

필자의 지인 A씨는 은행에서 퇴직한 후 1년 동안 심리적 갈등을 겪었다. 또 퇴직의 충격에서 벗어난 후에 낚시를 다니면서 다시 1년을 보냈다. 그래도 마음의 공허함을 메울 수 없었다. 앞으로 무엇을 하며 살아야 할지 막막하게 느끼며 한동안 방황했다. 최근에야 다른 선배의 소개로 한 대학의 평생교육원을 다니면서 자신의 삶을 돌아보며 새로운 역할을 찾아 나섰다.

지금 A씨처럼 퇴직으로 인한 상실감에 빠져 있는 사람들이 많다. 지나 버린 과거에 집착하며 장래의 가능성을 보지 못하고 있다. 장수시대에 길어지는 인생에서 퇴직 후에도 사회적 역할을 갖는 것이 당연한 시대가 되었다.

미래를 위한 작은 실천

명함은 단순한 종이 한 조각이 아니다. 나의 삶의 방식을 표현하는 매체이다. 명함에는 이름, 근무처, 소속부서, 직책, 연락처 등 자신을 대표하는 최소한의 정보가 담겨 있다. 대인관계에서 작은 종잇조각을 교환하면서 서로의 사회적 위치, 관계 등을 파악하면서 커뮤니케이션을 시작한다. 그러나 퇴직 후에는 그 한 장의 종이도 없어진다. 명함 한 장 없으면 만남에서 대화의 실마리를 찾기 어렵다.

퇴직 후 갈 곳과 할 일을 찾지 못하면서 방황과 불안 속에 사는 사람들이 적지 않다. 앞으로 어떻게 살아갈지 막막하다. "나는 도대체 어떤 사람인가? 이렇게 살아도 괜찮을까?" 이러한 질문을 반복하면서 자신의 삶을 들여다본다. 현역 시절에 일은 사회적 지위와 역할 그리고 자기의 존재를 나타내는 상징이었다. 일을 떠나서는 나의 존재가치를 찾을 길이 없었다. 회사와 일은 자기 정체성의 상징이었다. 어떤 학자는 퇴직을 자기 정체성의 상실로 인한 사회적 죽음으로 표현하였다.

퇴직 후 일에서 해방되면 자기 정체성을 어디에서 찾으면 좋을까? 일 이상으로 적극적인 여가활동도 자기 정체성의 일부이다. 최근 다양한 여가활동을 통해 자신의 가능성을 넓히고 새로운 자신을 발견하려는 사람이 많다. 그들은 현역 시절에 직장에서 실현하지 못한 자신의 꿈을 이루고 싶어 한다. 현역 시절의 취미와 특기를 살려 스스로 일을 만들어 간다.

　퇴직이란 사회에서 퇴출당하는 것이 아니다. 지금까지 일을 통해 구축된 사회관계를 이제 한 개인으로서 재구축하고 자기다운 인생을 살 수 있는 기회이다. 현역 시절에는 회사와 상사가 일을 주었다면 이제는 스스로 사회에서 새로운 역할을 찾아야 한다. 일을 지시하는 상사와 동료의 시선을 의식하지 않아도 된다. 지금까지의 인간관계를 바탕으로 앞으로 어떤 인생을 살 것인지를 스스로 결정할 수 있다. 의무가 아닌 자발적인 일은 그 자체가 자기 목적이고 수단이 되지 않는다. 자율적인 노동은 무료함을 달래주고 심신을 건강하게 유지해 준다.

　최근 시니어를 대상으로 한 컴퓨터 강좌 프로그램 중에서 '두 번째 명함 만들기'는 단골 메뉴이고 수강자들에게 인기도 많다. 이 강좌에 참여하는 시니어들은 작은 네모 종이에 자신의 소중한 꿈과 목표를 적어보면서 삶의 가치를 느낀다. 두 번째 명함을 만들면서 자신의 숨겨진 재능과 기술에 눈을 뜨게 된다. 작은 두 번째 명함에서 장래의 희망을 발견한다. 시니어들이 두 번째 명함을 자율적으로 만들 수 있도록 사회적 관심과 배려가 필요하다.

　저출산 고령사회에서 시니어의 역할은 점점 커지고 있다. 장수 사회에서 퇴직 후 길어지는 후반기에는 명함 없이 사는 기나긴 인생이 펼쳐지고 있다. 현역 시절에 회사의 실적을 높이기 위해

　　　　　　　　　　　　　　미래를 위한 작은 실천

살았다면 이제 사회를 위해 자신을 살려 나가는 것이 중요하다. 누구나 두 번째 명함을 새기면서 새로운 희망을 갖고 당당하게 미래를 설계하는 사회를 만들어나가야 한다.

## 진정한 인맥을 활용하라

김병수 씨(55세)는 식료품 제조업체 영업부에서 일하고 있다. 지금까지 업무상 거래업체의 수많은 사람들과 만났다. 영업하면서 받은 명함만 해도 천 장이 넘는다. 5년 전에 영업총괄부장이 되어 거래처를 직접 방문하지 않고 있다. 가끔 한창 영업할 때 친했던 사람들에게 오랜만에 전화하면 서먹서먹하다. 앞으로 퇴직하면 오랫동안 쌓아온 거래처 인맥이 끊어질 것을 생각하니 아쉽기만 하다. 직장을 떠나면 오랫동안 쌓아온 인맥을 대부분 잃어버린다. 근무한 직장의 인맥뿐만 아니라 일을 통해 쌓아온 회사 밖의 인맥도 잃어버린다. 김병수 씨처럼 직장과 직책에 의존한 인맥이나 교제는 퇴직 후 직위가 없어지면 끝나기 쉽다. 거래처 직원이나 모임에서 받은 명함 수 자체가 많다고 해서 자랑할 만한 것은 못 된다. 한 번 만나 받은 명함은 인맥이라고 말할 수 없기 때문이다.

## 명함점검을 통해 진정한 인맥을 찾아라

파티나 거래관계에서 한번 만난 것만으로 신뢰관계가 생길 리 없다. 또한 한 번의 명함을 교환하는 것만으로 신뢰관계는 생기지도 않는다. 시간을 가지고 서로 충분한 신뢰를 쌓을 필요가 있다. 그만큼 인맥형성은 어느 정도의 시간이 필요하다. 단순히 상대방을 알고 있는 것만으로 인맥이라고 말할 수 없다. 명함을 교환했지만 상대방이 자신을 인식하지 못하는 상황에서는 어느 한쪽의 일방적인 관계에 지나지 않는다. 함께 일해보지 않으면 신뢰관계가 생기기 어렵다. 작은 일이라도 공통의 목적을 갖고 함께 행동하고 생사고락을 같이 해야만 관계가 강해진다.

50대가 되면 진정한 인맥을 찾아 계속 인연을 맺는 것이 중요하다. 진정한 인맥을 만들려면 자신의 인맥 상황을 점검해 보아야 한다. 자신의 커리어를 점검하는 것처럼 인맥도 점검할 필요가 있다. 이를 위해 먼저 지금까지 모아둔 명함을 정리해본다. 50대라면 지금까지 직장생활을 통해 수많은 사람을 만나면서 무수히 많은 명함을 교환했을 것이다. 과거에 받은 명함을 보면 직장생활을 얼마나 충실하게 했는지 실감할 수 있다. 명함을 점검하는 작업은 직장생활의 진정한 인간관계를 생각해볼 수 있는 좋은 기회다.

그다음 명함을 점검한 후에 과감하게 버리는 작업이 필요하다.

미래를 위한 작은 실천

지금까지 형식적으로 교제한 사람의 명함을 과감히 버려라. 그냥 무의미하게 명함을 버리는 것이 아니다. 지금까지 당신의 능력과 기술을 객관적으로 평가해주는 사람의 명함만 남기기 위해서다. 당신과 친밀한 시간을 보냈고, 회사를 떠나도 당신의 존재를 인정해주는 사람의 명함이다. 이런 사람은 회사를 떠난 후에도 도움이 된다.

진정한 인맥은 어려울 때 휴대전화로 직접 전화하고 무리한 일이라도 들어줄 수 있는 관계이다. 만약 전직이 필요한 상황이라면 전직처를 소개해줄 수도 있다. 당신의 기술과 능력, 인격 등을 평가해주기 때문에 큰 힘이 된다. 독립해서 회사를 설립한다면 상담해주고 좋은 아이디어를 제공해줄 것이다. 때로는 새로운 인맥을 소개해 줄 수도 있다. 무리한 일을 부탁할 때 상대가 곤혹스럽게 생각한다면 일방적인 관계이다. 또한 누군가 무리한 일을 부탁할 때에 당신이 흔쾌히 들어줄 마음이 없다면 그런 사람에게 무리한 부탁을 하지 않을 것이다. 그러한 관계도 진정한 인맥이 아니다.

명함과 인맥을 점검할 때 실망할 수 있다. 진정한 인맥이 그렇게 많지 않기 때문이다. 어쩌면 수십 명, 또는 몇 명밖에 되지 않을지도 모른다. 30년 동안 근무하면서 친밀한 인맥이 이것밖에 없구나 하면서 한숨이 나올 것이다. 그러나 실망하지 않아도 좋다. 그저 알고 지내는 100명보다 나의 무리한 부탁을 들어주는 한 사람이 훨씬 소중하다. 직장의 인맥은 회사에서 만들어진 것이다. 회사라는 간판을 버린다면 거의 몇 명만 남는 것이 당연하다. 당신은 그런 몇 명의 명함을 소중하게 다루는 것이 좋다. 그 명함이 진정한 인맥이기 때문이다.

필자도 명함점검 작업을 하면서 진정한 인맥으로 남긴 명함은 생각보다 훨씬 적었다. 직장생활을 하면서 함께 고생하며 진정성을 교감한 사람들의 명함만 남았다.

### 진정한 인맥과 깊은 관계를 유지하라

세 번째 단계는 남겨진 명함의 인맥과 더욱 깊은 관계를 맺는 것이다. 만나서 흥겹게 옛이야기를 나누어도 좋다. 약속해서 만나면서 깊은 친분을 유지하는 것이 중요하다. 만나보면 상대방도 당신과 똑같은 추억을 갖고 있다. 그런 사람은 퇴직해도 계속 만날 수 있는 인맥이다. 퇴직할 때에 진정한 인맥의 진가가 드러난다. 진정한 인맥을 쌓은 사람은 반드시 어디에선가 연락이 온다. 지금 아무 일도 하지 않고 있다면 도와주겠다거나 재취업 일자리를 소개해준다. 실제로 주위에 그러한 사람의 도움으로 재취업이 결정되는 사례가 많다. 이것은 이해관계에서 도와주는 것이 아니다. 순수한 마음으로 무엇을 해주고 싶은 것이다. 그러한 관계가

미래를 위한 작은 실천

진정한 인맥이다. 직장에서 직책이 올라가면 현장에서 일을 함께 할 기회가 적어질 수밖에 없다. 그렇지만 직책만으로 일을 해서는 안 된다. 맨몸의 인간과 인간의 접촉을 통해서만 인간관계가 깊어진다. 퇴직하면 직책이 없어진다. 직책이 없어지면 한 사람의 인간일 뿐이다. 퇴직해보면 직책이 얼마나 허무한지 바로 알 수 있다.

진정한 인맥을 만드는 한 가지 방법은 무언가 부탁을 받을 때 진지하고 성실하게 대응하는 것이다. 부탁을 받는다는 것은 당신에게 어떤 기대를 걸고 있다는 증거다. 딱 잘라 거절하지 말고 먼저 어떻게 대응할지 생각해보아야 한다. 단순한 거래 관계가 아니라 먼저 주는 헌신적인 자세가 좋은 관계의 출발점이다. 당신의 휴대전화에 등록된 주소록을 한 번 살펴보라. 당장 휴대전화로 직접 전화하면 어떤 어려운 부탁을 들어줄 사람을 세어보라. 그런 인맥이 얼마나 되는가? 그런 인맥이 많다고 좋은 것은 아니다. 그러한 인맥을 소중하게 관리하는 것이 중요하다. 그런 인맥을 착실히 쌓아가는 것은 퇴직 후를 대비하는 방법이다.

실례지만 나이가 어떻게 되시나요?

# ● 하고 싶은 일을 메모하고 매년 점검하라

애플사 창립자인 스티브 잡스의 스탠퍼드대학 졸업식 연설문이 생각난다. "오늘이 내 인생의 마지막 날이라면, 오늘 내가 하고 있는 일을 정말 하고 싶을까?" 그는 그렇지 않다고 생각하면 중대한 변화가 필요한 시점이라고 말했다. 그는 이어서 "죽음은 우리 모두의 목적지입니다. 어느 누구도 그곳을 빠져나가지 못했습니다. 죽음은 삶의 가장 훌륭한 발명품입니다. 죽음은 삶의 변화를 촉진합니다. (중략) 여러분의 삶의 시간은 유한합니다. 그러니 다른 사람의 삶을 대신 사느라고 자신의 시간을 낭비하진 마십시오"라는 말로 연설을 끝냈다.

스티브 잡스가 새롭게 출발하는 청년들을 향한 삶의 조언이지

245

만 어쩌면 50대, 60대를 살아가는 중장년층에게도 의미 있게 들리는 대목이다. 50대는 인생의 중간에 있고, 삶이 유한하다는 사실을 인식하는 세대이다. 절실히 하고 싶은 일이 있는 사람에게 시간은 더욱 소중하고 절박하게 느껴진다. 인생에서 더 이상 연습은 없기 때문이다.

그런 의미에서 50대 중장년층의 커리어 설계는 매우 중요하다. 이제는 자신의 목표지점을 명확하게 정하고 혼자 힘으로 나아가야 한다. 인생 후반기 커리어 목표를 명확하게 설정할 때 보다 시간을 효과적으로 활용하고 추진력을 높일 수 있다. 한정된 삶의 시간을 어떻게 활용하느냐에 따라 인생은 극적으로 달라질 수 있다. 퇴직 후 나만의 삶을 꿈꾸는 사람들이 비약적으로 늘어나면서 세컨드 커리어 설계를 시도하는 사람이 많아질 것이다.

### 인생 후반기 커리어 설계가 필요하다

그렇다면 중장년들은 어떻게 커리어를 설계해야 할까? 먼저 커리어 디자인이 어떤 의미가 있는지 생각해보자. 커리어 디자인이란 전체 인생에서 하고 싶은 일을 스스로 그려보고 그 일을 이루어가는 것이다. 이를 위해 먼저 목표지점(목표)과 현재 위치(현상 인식)를 파악할 필요가 있다. 목표지점과 현재 위치를 연결하는 코스를 전략적으로 생각하고 대처해야 커리어를 만들어 갈 수 있

실례지만 나이가 어떻게 되시나요?

다. 지도를 보고 목적지를 확인하는 것만으로 무사히 도달할 수 없다. 먼저 현재 위치를 확인해야 자신과 목적지 사이에 있는 코스를 명확히 파악할 수 있기 때문이다.

인생의 목적지와 현재 위치를 어떻게 확인할까? 인생에서 일을 세 가지 틀로 생각해보는 것이다. 즉 하고 싶은 것(Will), 할 수 있는 것(Can), 해야 하는 것(Must)이라는 세 가지 틀로 생각하면 삶의 목적지와 현재 위치를 구체적으로 확인할 수 있다. 먼저 당신이 "하고 싶은 것(Will), 해야 하는 것(Must), 할 수 있는 것(Can)"을 생각해보라. 그리고 그 중복분야를 크게 설정해보는 것이다. 처음에는 머리에 잘 떠오르지 않는다. 쉽게 떠오르는 사람이라면 혼자서 장래의 커리어 목표를 발견할 수 있다.

### 먼저 하고 싶은 일의 목록을 적어라

하고 싶은 일을 떠올리면 삶의 목표지점이 보이기 시작한다. "이 나이에 늦었는데, 하고 싶은 일을 할 수 있을까?"라고 의구심을 가지는 사람도 있다. 그러나 우리는 의외로 자신을 잘 모른다. 직장의 업무에 매진하면서 하고 싶었던 일을 잊었거나 무의식적으로 억누르고 살아왔다. 마음의 문을 열고 하고 싶은 것을 찾다 보면 의외로 자신의 흥미와 재능을 발견할 수 있다.

먼저 하고 싶은 일의 목록을 작성해보자. 죽을 때까지 반드시

미래를 위한 작은 실천

하고 싶은 일 10가지를 작성한다. 다양한 분야에서 폭넓게 선택해도 괜찮다. 중요한 것부터 순서대로 써보자. 그냥 머리에 떠오르는 것을 자유롭게 메모해보라. 하고 싶은 일 외에도 개인적으로 꼭 해보고 싶었던 취미, 사회를 위해 활동하고 싶은 일, 가족과 함께하고 싶은 것 등을 자유롭게 적다 보면 그동안 잊고 있었던 소중한 꿈이 문득 떠오를 수도 있다. 학창 시절 소중한 꿈을 애써 숨길 필요도 없다. 꿈은 포기할 때 그 가능성이 사라진다. 사람은 누구나 어떤 가능성을 갖고 있다.

하고 싶은 일 10가지 목록을 작성했다면 우선순위를 매겨본다. 그리고 하고 싶은 일 10가지를 그 중요성에 따라 비중을 적어본다. 그 일의 실현 가능한 일인지 아닌지는 중요하지 않다. 하고 싶은 일을 우선순위에 따라 그 비중이 얼마나 되는지 파악하는 것이다. 예를 들면, 사회적 기업 창업 40%, 책 출판 30%, 세계일주 20%, 국가자격증 취득 10% 등으로 항목에 비중을 결정하면서 자신의 생각을 솔직하게 표현해본다. 자신이 하고 싶은 일을 솔직하게 대면하는 것이 중요하다. 하고 싶은 일을 그 비중에 따라 원그래프에 그려보면 꿈과 목표가 강렬하게 표현되고 가시화된다.

## 하고 싶은 일을 매년 점검하고 조정하라

하고 싶은 일에 우선순위를 매기는 것이 중요하다. 남은 인생의 한정된 시간에서 무엇을 먼저 해야 할지를 결정할 수 있기 때문이다. 앞으로 30년의 인생 보너스 시간이 남아 있지만 나이가 들수록 시간은 빠르게 느껴진다. 40대 이후의 인생 시간은 가속도가 붙고 순식간에 나이를 먹는다. 하고 싶은 일을 정했다고 해도 제대로 실천하지 않고 무작정 세월만 보낼 수 있다. 하고 싶은 일을 미루는 것이 인간의 본성이다. 이를 방지하는 방법이 있다. 하고 싶은 일의 목록을 매년 점검하는 것이다. 진척상황을 점검하고 필요에 따라 다시 작성하는 것도 좋다. 정년 전후에는 생활환경이나 개인의 생각도 크게 바뀔 가능성이 있다. 장래의 변화 상황에 맞춰 새로운 일을 추가하거나 우선순위를 조정해 나가는 것이다. 매년 하고 싶은 일의 목록을 점검하고 수정해 나간다면, 긍정적인 자세로 삶의 의미를 추구할 수 있다.

로마의 철학자 세네카는 "사람은 수명이 짧은 것이 아니라 많은 시간을 낭비하며 살고 있다"고 했다. "과거를 회상하고, 현재를 활용하며, 미래에 대한 희망을 갖고 사는 것"이 행복한 인생을 사는 것이라고 했다. 과거의 경험을 발판으로 현재의 기회를 충분히 활용하면서 장래의 희망을 열어가는 자세가 필요하다. 미래의 당신은 현재의 당신이 어떤 결정을 하는지에 따라 그 모습이

미래를 위한 작은 실천

바뀌어 간다. "그때 뭔가 하고 싶은 일을 해야 했는데…"라고 생각하며 지난 인생을 후회하는 사람이 얼마나 많은가! 후회하는 인생을 살지 않으려면 하고 싶은 일을 지금 당장 시작하라.

# 전직지원 전문가의 도움을 받아라

베이비붐 세대의 퇴직과 함께 전직지원 시장에 대한 관심이 커지고 있다. 기업에서 50대 인력이 차지하는 비중이 점점 늘어나고 있기 때문에 장래 전직지원 시장은 활성화될 것으로 전망된다. 최근 60세 정년제를 지키려는 회사도 많아지고 있지만, 급변하는 산업환경에서 경쟁력을 상실한 기업은 구조조정을 단행할 가능성이 크다.

전직 활동을 시작하면 헤드헌터, 전직지원 컨설턴트, 커리어 컨설턴트 등 다양한 표현을 듣는다. 회사마다 부르는 호칭은 다르지만 정확히 어떤 차이가 있는지 모른다. 한마디로 말하면 이들은 전직을 지원해주는 전문가이다. 부득이하게 새로운 직장을 원

미래를 위한 작은 실천

하는 사람들에게 대면이나 이메일 상담을 하면서 전직처를 소개해주는 인적 서비스이다.

전직지원 회사는 크게 종합형, 부티크형(업계와 직종에 특화), 헤드헌터형(경영층과 외국계 등에 특화) 등으로 나눌 수 있다. 등록된 신상정보에 의존하여 온라인으로 구인기업에 지원하는 채용 사이트와 달리 자신의 장래 희망과 경력을 근거로 상담하면서 취업 가능성을 탐색하는 서비스이다. 갑작스러운 퇴직으로 전직이 필요한 상황에서 심리적 불안을 해소하고, 새로운 가능성을 찾도록 지원하는 매우 가치 있는 선진 서비스이다. 심리적 불안을 안고 있는 퇴직예정자를 상담하기 때문에 컨설턴트에게는 풍부한 상담 경험과 커뮤니케이션 스킬이 매우 중요하다.

이런 전직지원 상담서비스는 노동집약형 고부가가치 서비스이기 때문에 대상자가 한정되는 단점이 있다. 간단히 말해 많은 사람들에게 지속적인 서비스를 하기 어렵다는 점이다. 주로 사무직 노동자들이 전직 상담을 활용하고 있다. 컨설턴트와 상담을 통해 경험과 스킬을 객관적으로 정확하게 평가할 수 있다. 또한 상담하면서 자신에게 적합한 업종과 직무 등 재취업이 가능한 분야를 구체화 시키거나 좁힐 수 있다.

그렇다면 이러한 전직지원 컨설턴트를 어떻게 활용하면 좋을까? 먼저 컨설턴트와 상담을 통해 커리어 방향을 명확하게 정할

실례지만 나이가 어떻게 되시나요?

수 있는 효과가 있다. 앞서 언급했듯이 대부분의 직장인들은 장래 커리어를 회사에 맡겨두고 일해 왔다. 50대라면 회사에 맡겨둔 커리어를 이제부터 스스로 설계해나가야 한다. 퇴직 후 오랫동안 활동하기 위해서는 일찍부터 강점을 확인하고 부족한 스킬을 익혀야 한다. 이를 위해 컨설턴트와 만나 커리어를 정기적으로 점검할 필요가 있다. 업무 경험과 스킬을 자세하게 정리하고 자신의 강점을 찾는 것은 커리어 설계의 중요한 작업이다.

일본 기업은 '셀프 커리어 독제도'를 의무적으로 실시하고 있다. 직원들이 일정 기간마다(연령, 입사연수, 승진 등) 정기적으로 커리어 상담을 받을 기회를 제공한다. 커리어 상담을 통해 직원들의 업무동기를 부여하고, 생산성을 높일 수 있기 때문이다. 셀프 커리어 독제도의 '독'은 'doctor'와 같은 의미다. 신체의 건강진단과 같이 직원 자신의 커리어를 정기적으로 진단할 수 있는 기회를 제공하는 것이다. 또한 스스로 커리어 과제를 인식하고, 커리어 플랜을 작성하고, 점검할 수 있도록 지원하는 것이 이 제도의 목적이다.

의외로 많은 중장년층은 자신의 경험과 스킬에 대해 겸손해하거나 경시하는 경향이 있다. 그러나 25~30년의 업무 경험 속에는 전직시장에서 예상치 못한 큰 가치를 발휘할 보물이 숨겨져 있다. 전직 컨설턴트를 활용해 자신의 경험과 스킬을 객관적으로

미래를 위한 작은 실천

평가해보라. 자신의 경험과 스킬이 시장에서 어느 정도 가치가 있는지, 다른 업종과 회사에서 제대로 평가받을 수 있는지 조언을 받아보길 바란다. 상담을 통해 자신도 몰랐던 새로운 강점을 발견할 수 있다. 어떤 강점은 과대평가 또는 과소평가 되었다는 것을 알 수 있다. 자신의 커리어에 강점과 약점을 제대로 파악하고 있다면 시장과의 차이를 대폭 줄일 수 있다. 객관적으로 상담을 진행할 수 있으며, 최신정보에 밝은 컨설턴트를 찾길 바란다.

또한 전직 활동에서 막상 선택할 때가 되면 고민이 많아진다. 전직이 가능한 여러 회사를 놓고 어느 곳으로 가야 할지 고민한다. 자신이 정말 무엇을 하고 싶은지, 자신의 능력을 최대한 살릴 수 있는 곳은 어디인지 판단하기 어렵다. 마음속으로 방향을 정해두어도 최종 결단을 내리지 못하고 망설인다. 이때 컨설턴트의 조언은 매우 유용하다. 컨설턴트와 상담을 통해 심리적으로 안정을 얻고 최선의 방향을 정할 수 있다. 원점으로 돌아가 판단하거나 새로운 커리어를 만드는 계기를 마련할 수 있다. 이처럼 전직 활동 중에 부딪히는 다양한 장벽을 헤쳐나가는데 인생 파트너로서 컨설턴트는 매우 소중한 존재이다.

전직 컨설턴트와 상담했다고 해서 반드시 전직을 해야 하는 것이 아니다. 전직 컨설턴트와 회사 업무의 고충에 대해서도 조언받을 수 있다. 병원의 주치의와 같이 전직 컨설턴트를 인생의 커

실례지만 나이가 어떻게 되시나요?

리어 파트너로 적극 활용해보자. 한 번도 전직하지 않고서도 컨설턴트와 5년 이상 관계를 유지한 사람도 있다. 그들은 컨설턴트에게 정보를 얻어 항상 자신의 커리어 가능성과 기회를 생각하면서 최적의 전직 시기를 탐색하고 있다. 컨설턴트의 조언을 받아 현재 회사에 재직하면서 앞으로 원하는 분야로 전직하기 위한 스킬을 익히는 사람도 있다.

한편, 전직 컨설턴트의 직업적 윤리는 매우 중요하다. 구인기업과 전직 희망자 사이에 어떤 입장을 갖느냐에 따라 윤리적 문제가 발생할 수 있다. 전직 희망자에게 커리어 선택은 인생이 달린 문제이고, 기업 입장에서는 존속과 성장, 나아가 사회 전체의 성장이 달린 중대한 문제이다. 자신의 이익만을 중시해 한쪽의 입장만을 대변해서는 안 된다. 그렇다고 전직 컨설턴트가 구인기업과 전직 희망자를 동시에 만족시키기는 쉽지 않다. 어떤 컨설턴트는 고객기업의 니즈에 따라 전직 희망자의 니즈와 관계없이 구직자에게 맞는 기업이라고 고객기업에 지원하도록 유도하는 경우도 있다. 의구심이 들 때는 대화를 하면서 컨설턴트가 정말 자신을 위해 정보를 주고 조언하는지 확인할 필요가 있다. 진정으로 전직 희망자의 이익을 생각하는 컨설턴트는 무턱대고 전직을 권유하지 않는다. 구인기업에 커리어가 맞지 않으면 현재의 회사에 남아있으라고 권유하기도 한다.

미래를 위한 작은 실천

컨설턴트와 교류할 때는 한 개 회사로 한정할 필요는 없다. 커리어 선택지를 넓히기 위해서도 복수의 컨설턴트와 교류할 것을 권한다. 소속이 다른 몇 명의 컨설턴트와 교류할 때 동일한 기업의 구인정보를 소개받는 경우도 있다. 동일한 구인정보를 갖고 있어도 컨설턴트에 따라 채용기업의 신뢰 정도가 다르다. 이점도 확인해볼 필요가 있다. 단순한 정보제공자가 아니라 커리어 설계의 응원자를 만나는 것은 큰 행운이다. 어떤 컨설턴트를 만나느냐에 따라 커리어의 방향이 크게 바뀔지도 모르기 때문이다. 전직 컨설턴트와 교류하면서 장래 커리어를 개척하길 바란다.

실례지만 나이가 어떻게 되시나요?

# ● 가족과 대화하고 결정하라

중장년층의 커리어 선택은 가족의 생계와 직결된 중대한 문제이다. 배우자와 자녀들의 이해가 반드시 필요하다. 20년 넘게 살아온 배우자일지라도 상의 없이 혼자 선택한 당신의 장래 커리어를 쉽게 이해해줄 것이라고 생각하면 큰 오산이다. 너무나도 자기중심적인 사고이다. 잘못된 커리어 선택으로 가계경제가 흔들릴 경우 가계파탄에 이르고 이혼하는 사례도 있다. 그만큼 가족과 협의하고 이해를 구하는 것이 중요하다.

중장년층 중에는 가사와 자녀의 일을 배우자에게 맡겨두고 회사 중심의 인생을 보낸 사람이 많다. 지금까지 가족의 생계를 책임졌고, 자녀교육이 끝나면 자신이 원하는 일을 하고 싶어 하는

257

심정을 배우자는 이해해줄지도 모른다. 지금까지 직장생활에서 온갖 어려움을 참고 일해왔기 때문에 지금부터라도 좋아하는 것을 하고 싶을 것이다. 하지만 배우자도 마찬가지다. 당신이 하고 싶은 일이 있듯이 배우자도 무언가 하고 싶은 것이 있다. 퇴직 후 어떻게 살아가고 무엇을 할지 배우자와 솔직하게 터놓고 이야기하는 것이 좋다. 가족의 생계를 책임졌다고 해서 혼자 마음대로 결정해서는 부부관계에 금이 갈 수도 있다.

커뮤니케이션에서 공감능력은 매우 중요하다. 배우자의 입장에서 대화를 경청하고 공감해야 한다. 건성으로 듣지 않고 배우자의 입장에서 진심으로 대화를 들어준다. 대화하는 것보다 배우자의 의견과 생각을 듣는 그 자체가 좋은 부부관계를 만든다. 인생에서 일이 전부가 아니다. 지금부터의 커리어 선택은 배우자와 가족에게 큰 영향을 준다는 사실을 생각해야 한다. 배우자 역시 가사를 도맡아 자녀를 돌보면서 힘들게 살아왔다. 배우자가 있었기 때문에 지금까지 일을 계속할 수 있었다. 평소에 대화가 적었던 부부라도 앞으로의 인생을 위해 두 사람이 함께 생각하는 시간을 갖길 바란다. 특정일에 이벤트를 만들어 배우자와 외식하면서 솔직하고 진심 어린 대화를 해보라.

배우자와 자녀는 당신이 퇴직 후에도 활기차게 생활하기를 기대한다. 무엇보다 장래에 위험이 적은 커리어를 선택하길 바란다. 불명확한 목표와 근거가 부족한 논리로 배우자를 이해시키려고 해서는 부부관계가 멀어진다. 퇴직 전에 개인적으로 만족할 만한 전직할 회사를 찾았더라도 배우자와 가족의 반대로 전직을 포기한 경우도 있다. 남편이 회사를 바꾸는 것을 불안하게 생각한 나머지 배우자가 전직을 적극적으로 반대한 것이다. 배우자가 당신의 전직에 불안함을 느끼는 것은 대부분 경제적 문제 때문이다. 따라서 전직을 생각할 때 먼저 가족의 생계 대책을 수립해야 한다. 가족의 생활비 대책을 반드시 세워야 한다. 전직하여 소득이 줄어들 경우 부족한 생활비 대책을 세워야 한다. 창업한다면 적어도 어느 시점에 소득이 발생할 것인지 예상하고 그때까지 가계지출은 어떻게 해결할지 상세한 대책이 필요하다. 하고 싶은 일을 하는 것은 좋지만 가족의 경제생활이 어렵다면 원하는 일도 계속하기 어렵다. 현재의 생활비를 파악하고, 앞으로 퇴직한 후 가계 상황을 예상해보고, 어떻게 가계를 운영할지 배우자와 함께 깊이 논의해야 한다.

예를 들면, 현재의 직장에서 계속 근무할 경우 임금피크제로 소득이 30% 줄어들 때 어떤 대책을 세울지 생각해본다. 현재 자녀교육비와 대출금 상환은 어느 시점까지 얼마가 필요한지 구체적으로 생각한다. 노후생활비가 부족할 경우 저축도 추가해야 한다. 수입과 지출의 균형을 먼저 생각하되, 지출을 줄이려면 어느 항목을 줄일 것인지 함께 논의하길 바란다.

　60세 이후에 연금이 나오기 때문에 생활비를 어느 정도 보충할 수 있다. 그러나 대부분 국민연금 수령액만으로 생활비를 충당하기 어렵다. 사람마다 라이프스타일이 다르기 때문에 가계지출도 다양하다. 앞으로 어떤 커리어를 가지고, 어떤 라이프스타일로 살아갈 것인지 미리 생각해보라. 당신이 어떤 인생을 추구할지에 따라 장래의 생활방식은 달라지고, 이에 따라 필요한 노후소득도 달라진다. 꼭 퇴직 후에 어떻게 살아갈지 가족과 함께 상의하라.

# ● 먼저 실행하고 개선하라

엄선기 씨(48세)는 더 늦기 전에 대학원 MBA 과정에 진학할 계획을 세웠다. 같은 해외 마케팅 부서에서 일했던 선배가 퇴직 후에 산학협력 교수로 일하는 것을 보고 자극을 받았다. 50대 이후 퇴직에 대비하는 방법이라고 생각했다. 또한 대학원에 진학하면 다양한 업계의 사람들과 함께 공부하면서 네트워크를 확장할 수 있는 좋은 기회라고 생각했다.

그러나 엄씨는 바쁜 업무 때문이라며 진학 계획을 3년 동안 미루어왔다. 머릿속에 계획만 세워두고 실천하지 않고 있다. 야간 MBA 과정을 운영하는 대학은 물론 신입생 선발 일정을 확인하는 일조차도 하지 않고 있다. 시간이 흐른 뒤에 바쁜 업무는 핑계에 불과했다는 사실을 깨달았다.

목표는 실행하지 않으면 전혀 의미가 없다. 목표는 어디까지나 목표로 남아 있을 뿐이다. 뭔가를 시작하려면 구체적인 목표를 실행하기로 결정해야 한다. 세상에 수많은 사람이 위대한 꿈과 목표를 갖고 있다. 50대 직장인들도 마찬가지다. 하지만 당장의 회사 업무가 바쁘다는 핑계로 실천하지 않는다.

직장인들은 대체로 결정하는 습관이 부족하다. 대형 프로젝트뿐만 아니라 일상 업무에서도 혼자서 결정한 경험이 그리 많지 않았다. 상사의 의사결정에 따라 일을 진행하는 습관이 몸에 배어 있기 때문이다. 지금까지 회사나 상사에게 의존해 일하다 보니, 정년 후에도 혼자 계획하고 결정하는 것이 무척 힘들다. 퇴직 후에는 배우자에게 의존할 가능성이 크다.

뭔가 조금이라도 실천하려면 스스로 결정하는 습관이 필요하다. 결정하는 습관은 바로 생기는 것이 아니라 평소에 연습이 필요하다. 회사에서 점심으로 무엇을 먹을지, 내일은 어디로 갈지 등과 같이 일상생활에서 선택하고 스스로 결정하는 습관을 들여야 한다. 사소한 문제를 결정하는 습관은 인생의 중요한 문제를 결정할 때 도움이 된다. 중장년층은 매사에 결정하는 습관을 붙이는 연습이 필요하다.

완벽주의자로 통하는 상사와 일하며 고통을 호소하는 직장인들이 많다. 슬래니Slaney라는 학자는 업무 기준을 높게 정해두고 큰 성취감을 얻으려는 사람을 완벽주의자로 정의했다. 완벽주의는 긍정적인 효과도 있지만, 부정적인 측면도 무시하지 못한다. 불확실성 시대에 완벽주의를 추구하면 기회를 놓칠 수 있다. 충분한 정보와 시간을 갖고 완벽한 계획을 세운 후에 착수하면 늦어버린다. 그들은 철저한 계획을 세우면 어떤 위험에도 대비할 수 있다고 생각한다. 그러나 아무리 훌륭한 사업계획도 어떻게 될지 예상할 수 없다. 계획을 세워도 3개월, 6개월 후에 다시 수정할 수밖에 없다. 이게 지금의 변화무쌍한 현실이다.

중장년층도 완벽하게 준비한 후에 자신 있게 전직하려고 한다. 그래서 퇴직 준비에도 완벽을 추구한다. 그러나 완벽하게 준비한 다음에 추진한다면 절대로 앞으로 나아갈 수 없다. 빠르게 변화는 요즘 오히려 위험성이 더욱 커질 수 있다. 그렇다면 조금이라도 자신감을 가질 수 있는 작은 일부터 당장 시작해보라. 완벽을 추구하지 않고 일단 실천할 때 변화가 일어나는 법이다.

최근 암벽등반을 취미로 즐기는 사람이 늘어나고 있다. 암벽을 오를 때는 양발, 양손 중에서 3개는 발판으로 삼고, 1개만으로 사용해 올라간다. 2개만 발판으로 사용하면 위험하기 때문에 3개의 발판으로 안전을 확보하며 위를 향해 나아간다. 3개의 발판은 위험을 피하는 역할을 하고 나머지 1개는 앞으로 나아가는 역할을 한다. 50대 직장인의 커리어 설계에서도 이러한 암벽등반과 같은 사고가 필요하다. 위험을 분산해 실패해도 큰 손실을 보지 않을 정도로 커리어를 준비하는 방식을 선택해야 한다.

우리는 흔히 배수의 진을 치고 한 가지 목표에 매진하는 사람을 높이 평가한다. 물론 목표달성 의지와 도전정신은 당연히 평가받아야 한다. 그런데 야구 선수가 은퇴 후를 대비하여 부업을 하고 있다면 그렇게 좋게 보지 않는다. 이와 같이 은퇴 후를 대비하지 않고 현역으로서 현재 업무에 집중하는 사람을 높게 평가한다. 한 목표나 업무에 집중하는 전략은 장래에 확실한 성과가 있다면 매우 합리적인 전략이다. 그러나 우리는 내일의 일도 모르는 불확실성 시대를 살고 있다. 불확실성 시대에 한 가지 일에 집중하는 것은 위험한 전략이다. 퇴직 후의 커리어를 설계한다면 위험분산을 생각해야 한다.

### 언제든지 다시 도전하는 자세가 필요하다

인생이란 최선을 다해도 잘되지 않을 때도 있다. 앞이 보이지 않고 포기하고 싶어진다. 그렇더라도 다시 시작해야 한다. 또는 약간 방향을 바꿔 포기하지 말고 앞으로 나아가야 한다. 세상의 모든 일은 시행착오를 통해 이루어진다. 몇 번이고 다시 시작한다는 적극적인 사고가 필요하다. 기업도 성장하는 과정에서 우왕

실례지만 나이가 어떻게 되시나요?

좌왕하는 때가 있기 마련이다. 환경변화에 따라 조직과 시스템을 바꾸어 나가야 한다. 개인도 마찬가지다. 새로운 일을 다시 시작하면 부담이 크다. 그러나 다시 시작하는 것이 당연하고 필요한 시대다. 흔히 회사의 구조조정으로 실업 상태가 되면 개인의 능력이 부족하기 때문이라고 생각한다. 그러나 환경변화에 대처하지 못한 회사의 안일한 경영이 더 큰 요인이다. 자신에게 능력이 없다고 생각하지 않는 것이 맞다. 정년이 되면 개인의 능력과 관계없이 회사를 떠난다. 지금의 회사를 떠난다고 해서 세상에 필요 없는 존재라고 생각하고 포기할 필요가 없다. 세상에는 많은 기회가 있다. 기회를 넓혀간다는 태도로 자신 있게 다시 시작하는 자세를 가져야 한다.

인생 100세 시대에 건강하게 일할 수 있는 기간도 길어지고 있다. 현재 60세 정년에 일이 끝나는 것이 아니다. 더구나 50대는 아직 가능성이 많고 살아갈 날도 많다. 곧 75세까지 건강하게 일할 수 있는 시대가 될 것이다. 50대에 뭐든지 시작해도 충분한 기회가 있다.

당신은 앞으로 무슨 일을 하고 싶은가? 20년이 넘도록 해왔던 똑같은 일을 하고 싶은가? 물론 지금까지 쌓은 경험과 지식을 활용해 일하는 것도 의미가 있다. 반대로 신선한 호기심을 갖고 새로운 일을 찾는 중장년층도 많다. 오랫동안 쌓아온 지식과 기술이 통용되지 않을까봐 걱정하는 사람도 많다. 그런 사람은 새로운 호기심과 보람을 느끼면서 지적 자극을 얻을 수 있는 공부에 도전해보길 바란다. 장래 커리어를 준비하면서 자신의 미래를 바꿀 수 있는 계기가 될 것이다.

## 실례지만 나이가 어떻게 되시나요?

**초판 1쇄 발행** 2019년 7월 10일

**지은이** 이형종
**펴낸이** 곽유찬
**디자인** 시여비

**펴낸곳** 레인북
**등록** 2019년 5월 14일 제2019-000046호
**주소** 서울시 마포구 백범로 31길 21 서울복지타운 1층 서울시50플러스
　　　중부캠퍼스 공유공간 힘나
**전화** 010-9013-9235 **팩스** 02-704-8350
**대표메일** lanebook@naver.com

**인쇄·제본** (주)상지사

**ISBN** 979-11-967269-0-4 (03320)

이 도서의 국립중앙도서관 출판예정도서목록(CIP)은 서지정보유통지원시스템 홈페이지
(http://seoji.nl.go.kr)와 국가자료종합목록 구축시스템(http://kolis-net.nl.go.kr)에서 이용하
실 수 있습니다. (CIP제어번호 : CIP2019023488)